Menschen mit Demenz begleiten und pflegen besteht aus drei Teilen:

Teil A Leben mit einer Demenz beschreibt die Ursachen für die Entwicklung einer Demenz und die sich verändernde Lebenswirklichkeit der Betroffenen.

Teil B Begleitung und Pflege zeigt, wie Pflegende und Angehörige mit Menschen mit einer Demenz umgehen können.

Teil C enthält konkrete Arbeitshilfen.

Querverweise [➔Kap.] leiten zu Kapiteln mit weiteren Informationen.

Pflegiothek

Menschen mit Demenz

begleiten und pflegen

Wolfgang Diekämper

unter Mitarbeit der Verlagsredaktion

Cornelsen

Bildquellen
Bundesamt für Migration und Flüchtlinge 12
Werner Krüper 36, 44, 73, 76, 88, 95, 101, 126, 130, 167, 187, 198
picture alliance 113, 193

Redaktion: Anja Lull, Antje Pleß
Außenredaktion: Martin Regenbrecht
Illustration: Natascha Welz, Berlin
Umschlaggestaltung: Rosendahl Grafikdesign
Layout und technische Umsetzung: Renate Huth, groenland.berlin

www.cornelsen.de

1. Auflage, 1. Druck 2010

Alle Drucke dieser Auflage sind inhaltlich unverändert
und können im Unterricht nebeneinander verwendet werden.

Druck: Kösel, Krugzell
Bindung patentrechtlich geschützt. Kösel FD 351, Patent-Nr. 0748702

ISBN 978-3-06-455185-5

Inhalt gedruckt auf säurefreiem Papier aus nachhaltiger Forstwirtschaft.

Teil B Begleitung und Pflege

Teil C Arbeitshilfe

Vorwort

Dies ist ein Buch für alle Personen, die Menschen mit einer Demenz begleiten und pflegen. Ob Angehörige oder beruflich Tätige, alle müssen sich an die veränderten Erfahrungs- und Handlungsmöglichkeiten der erkrankten Personen anpassen.

Entstanden ist dieses Buch aus meinen langjährigen Erfahrungen als Fortbildender bei einem großen diakonischen Träger sowie der Begleitung einer Angehörigengruppe. In vielen Gesprächen mit pflegenden Angehörigen und den Teilnehmerinnen der Fortbildungskurse hat sich gezeigt, wie wichtig das Wissen über die sich ändernden Lebensmöglichkeiten bei einer Demenz ist. Ebenso zeigte sich immer wieder, wie notwendig es ist, die Begleitung und Pflege an diesen Lebensmöglichkeiten zu orientieren. Ohne die Gründe für das Verhalten der erkrankten Personen zu verstehen, kann ihnen nicht angemessen begegnet werden. Wer sich auf sein gewohntes alltägliches Verständnis für das menschliche Verhalten verlässt, wird den Erfahrungs- und Handlungsmöglichkeiten von Menschen mit einer Demenz nicht gerecht. Oft liegt in der fehlenden Berücksichtigung des Selbsterlebens von Menschen mit einer Demenz die Ursache für das Scheitern der angebotenen Hilfe.

Das Buch ist in drei Teile gegliedert. Im Teil A wird das Leben mit einer Demenz und die Ursachen für die Entwicklung einer Demenz dargestellt. Ebenfalls wird hier gezeigt, wie die Demenz zu einer sich verändernden Lebenswirklichkeit führt und wie Menschen die Entwicklung ihrer Demenz erleben. Der Teil B legt den Schwerpunkt auf die Begleitung und Pflege, hier finden sich auch zahlreiche Beispiele für typische Alltagssituationen, die zeigen, wie Menschen mit einer Demenz begleitet und unterstützt werden können. Schließlich werden im Teil C konkrete Beispiele und Hilfen vorgestellt.

Einführung

Die Geschichte von Frau Gärtner

Frau Gärtner wohnt im Haus der Familie ihrer Tochter. Hier hat sie eine kleine Wohnung und führt ihren eigenen Haushalt. Als die Tochter von Frau Gärtner die ersten Veränderungen ihrer Mutter wahrnimmt, ist diese 78 Jahre alt. Frau Gärtner war ihr ganzes Leben eine Person, der Eigenständigkeit viel bedeutet hat. Sie hat ihren Beruf als Lehrerin immer mit viel Freude ausgeübt. In das Haus ihrer Tochter ist sie gezogen, nachdem ihr Ehemann vor acht Jahren gestorben war.

Der Tochter fällt bei einem gemeinsamen Urlaub auf, dass ihre Mutter sehr vergesslich geworden ist. Frau Gärtner hält sich nicht an die gemeinsam getroffenen Absprachen. Wird sie auf ihre Vergesslichkeit angesprochen, dann behauptet sie, dass es diese Absprachen nie gegeben habe. Außerdem verläuft sie sich mehrere Male am Urlaubsort. Frau Gärtner erklärt ihre Desorientierung mit ihrem Alter und der verwirrenden neuen Umgebung. Wenn man so alt sei wie sie, dann komme man eben mit solch verschlungenen Wegen nicht mehr zurecht – dann müsse man sich ja verlaufen.

In dem Kapitel **Verwirrtheit, Delir oder Demenz?** [→Kap. 2] werden die Unterschiede zwischen diesen Begriffen erläutert.

Wieder zu Hause verändert sich das Verhalten der Mutter zunehmend. Oft trägt sie lange Zeit dasselbe Kleid. Außerdem kann sie ihren Haushalt nicht mehr ordentlich führen, die Wohnung ist verschmutzt. In der Spüle türmt sich der Abwasch. Frau Gärtner kocht nicht mehr. Im Kühlschrank findet die Tochter verdorbene Lebensmittel oder auf dem Herd einen Topf mit angebrannter Linsensuppe.

Für alles hat Frau Gärtner eine Erklärung. Der Herd sei jetzt viel heißer als früher und im Lebensmittelgeschäft habe man ihr verdorbene Ware verkauft. Sie habe auch nicht mehr ausreichend Zeit für den Haushalt, da sie Wichtigeres zu tun habe.

In der Wohnung verstreut Frau Gärtner ihre ganzen Materialien, mit denen sie früher den Unterricht vorbereitet hat. Sie wollte nach ihrer Pensionierung alle ihre Unterrichtsmaterialien einmal ordnen und zusammenfassen. Bei allen Tätigkeiten, die sie anfängt, verliert sie schnell den Überblick.

Wenn die Tochter ihre Hilfe anbietet, dann ärgert sich die Mutter. Sie solle sich nicht in ihr Leben einmischen. Die jetzt täglichen Einladungen zum Mittag- oder Abendessen nimmt Frau Gärtner aber dankbar an. Sie klagt oft über das Alter, das sie so vergesslich macht: „Es ist schrecklich, wenn man so tüdelig wird. Ständig suche ich hinter meinen Sachen her. Habe ich gerade einen Gedanken, dann ist er im nächsten Augenblick schon wieder weg."

Nach einiger Zeit gelingt es der Tochter, die Mutter zu einem Besuch bei einem Neurologen zu überreden. Nach einer sorgfältigen Diagnostik stellt der Arzt bei Frau Gärtner eine beginnende Demenz fest. Als genaue Ursache der Demenz nennt er die Alzheimer-Krankheit.

> Das Kapitel **Krankheiten – Ursachen einer Demenz** [→Kap. 3] enthält eine Darstellung darüber, was eine Demenz ist und wie sie entsteht.

Auch nachdem bekannt wird, dass Frau Gärtner an einer Demenz leidet, lebt sie weiterhin in ihrer eigenen Wohnung. Ihre Tochter muss ihr aber mehr und mehr helfen. Als die Hilfe schließlich zu umfangreich wird, beauftragt sie einen ambulanten Pflegedienst, der die Mutter nun zum Teil versorgt. Frau Gärtner nimmt nur zögerlich die Hilfe des Pflegedienstes an. Anfänglich akzeptiert sie nur Hilfe im Haushalt. Einzelnen Mitarbeitenden begegnet sie sehr misstrauisch. Kann Frau Gärtner der Person, die sie versorgen will, nicht vertrauen oder ist sie durch sie verunsichert, dann wehrt sie jegliche Hilfe laut schimpfend ab. Gelingt es den Mitarbeitenden hingegen, zu Frau Gärtner eine Beziehung aufzubauen, in der sie sich wahrgenommen und sicher fühlt, dann vertraut Frau Gärtner sich ihnen an. Es dauert eine Weile, bis sie sich auch bei der Körperpflege helfen lässt.

Allmählich wird die Verständigung mit Frau Gärtner ein großes Problem. Wenn sie etwas sagen will, dann fallen ihr nicht immer die passenden Worte ein. In diesen Momenten wird sie sehr ärgerlich auf sich selbst. Ihr, der eine korrekte Ausdrucksweise stets wichtig war, versagt die Sprache. Darüber hinaus versteht Frau Gärtner häufig auch nicht, was andere Menschen ihr sagen wollen.

Frau Gärtner ist verzweifelt darüber, dass sie sich nicht mehr an den gewohnten Gesprächen ihrer Familie beteiligen kann. Oft versteht sie nicht, über was gerade gesprochen wird, oder sie verliert den Gedanken, den sie den anderen mitteilen will. Sie erinnert sich außerdem nicht mehr an die Namen aller Verwandten und hat so manche Ereignisse ihres Lebens vergessen. In solchen Augenblicken ist sie sehr unruhig und zuweilen auch verärgert: „Was müsst ihr auch immer über alles reden! Bei diesem vielen Gerede komme ich ganz durcheinander." Oder Frau Gärtner verfällt in Schweigen. Die Wohnung ihrer Tochter sucht sie aus eigenem Antrieb immer seltener auf. Besuchen aber ihre Enkel sie oder holt die Familie sie zu sich, dann freut sie sich.

Im Kapitel **Erfahrungs- und Handlungsmöglichkeiten** [→Kap. 4] wird der Verlust der Orientierung zur Umgebung und zur eigenen Identität dargestellt.

Die gesamte Familie und die Mitarbeitenden des Pflegedienstes stellen sich immer wieder neu auf die nachlassenden Fähigkeiten des Gedächtnisses von Frau Gärtner ein. Verdächtigt Frau Gärtner sie des Diebstahls oder als Verursacher der Unordnung in ihrer Wohnung, dann akzeptieren sie dies als Sichtweise der alten Frau. Wenden sich die Mitarbeitenden Frau Gärtner gleichbleibend freundlich zu und widersprechen ihr nicht, dann vergisst sie ihre Anschuldigungen schnell. Will Frau Gärtner morgens zur Schule, um zu unterrichten, dann spricht man mit ihr wie mit einer Lehrerin, die ihrer Pflicht nachgehen will. Oder verlangt Frau Gärtner nach Hause zu gehen, dann ist allen klar, dass sie zurzeit ihre eigene Wohnung nicht erkennt und ihr selbst diese fremd ist.

Das Kapitel **Leben mit einer Demenz** [→Kap. 5] zeigt die unmittelbaren Auswirkungen auf das Leben der Betroffenen.

Die „andere“ Wirklichkeit, in die sich Frau Gärtner immer mehr hineinbewegt, wird von allen Personen anerkannt. Nur so ist es möglich, sie vor Überforderungen zu schützen. Sie bleibt als Mutter und Oma trotz ihrer Erkrankung weiterhin ein vollwertiges Mitglied der Familie.

Das Kapitel **Einflüsse auf das Verhalten und Erleben** [→Kap. 6] zeigt, welche unterschiedlichen Faktoren im Umgang mit Menschen mit einer Demenz berücksichtigt werden müssen.

Frau Gärtner läuft oft unruhig in dem großen Haus herum. Sie räumt Dinge hin und her oder kramt, zum Ärger der gesamten Familie, in allen zugänglichen Schränken. Frau Gärtner will weiterhin aktiv sein. Es wird also geschaut, wie man die Oma mit etwas beschäftigen kann, an dem sie interessiert ist. Die Tochter und die Enkel beteiligen Frau Gärtner an allen Tätigkeiten im Haus. Das Geschirr wird jetzt mit der Hand gespült, und mehrmals am Tag müssen der Flur und die Küche gefegt werden. Es gibt immer eine große Menge Wäsche, die gebügelt und zusammengelegt werden muss.

Die Fotoalben der Familie liegen stets griffbereit, um einen Ausflug in die Zeiten zu machen, an die Frau Gärtner sich noch gut erinnert. Auf vielen Klassenfotos erkennt sie die Kinder wieder, die sie unterrichtet hat. Zu allen kann sie viele Geschichten erzählen.

Ein Fotoalbum aktiviert noch vorhandene Erinnerungen.

Das Leben mit einer Demenz belastet Frau Gärtner sehr. Sie findet sich im Haus kaum noch zurecht. Der Ort, der ihr einmal Sicherheit gegeben hat, ist ihr jetzt fremd. Ohne sichere „Heimat" fühlt Frau Gärtner sich bedroht und hat Angst. Zudem spürt sie, dass ihr immer mehr von ihrem bisherigen Leben genommen wird. Sie ist verstört und von innerer Unruhe getrieben. Nur in der Gegenwart anderer Menschen kann sie sich entspannen. Ihr anfänglicher Rückzug wandelt sich in eine fordernde Anhänglichkeit. Frau Gärtner kann nun keinen Augenblick mehr allein sein. Das Familienleben und die Betreuung durch den Pflegedienst werden so organisiert, dass immer eine Person da ist.

Frau Gärtner ist traurig und missmutig darüber, dass sie immer mehr auf andere Menschen angewiesen ist: „Mit mir ist nichts mehr los. Nichts kann ich mehr allein."

Das Kapitel **Begegnungen gestalten** [→Kap. 7] beschreibt eine not-wen_dige positive Einstellung gegenüber Menschen mit einer Demenz.

Frau Gärtner muss zunehmend beim Waschen, Ankleiden und Essen geholfen werden. Beim Waschen wird ihr alles angereicht. Ohne diese Unterstützung steht sie vor dem Waschbecken und weiß nicht, was sie tun soll. Schnell verliert sie bei dem, was sie macht, den Zusammenhang. Mit manchen Kleidungsstücken kommt sie nicht zurecht oder zieht sie falsch an. Da Frau Gärtner eine sehr eigenständige Person gewesen ist, lässt sie sich nur bei den Dingen helfen, die sie wirklich nicht mehr selbst kann. Wenn ihr zu viel abgenommen wird, dann verweigert sie jegliche Unterstützung. Für Frau Gärtner ist es wichtig, dass sie in die einzelnen Tätigkeiten einbezogen wird. Sie kooperiert bereitwillig, wenn ihre verbliebenen Erfahrungs- und Handlungsmöglichkeiten so unterstützt werden, dass sie mithandeln kann.

Das Kapitel **Psychosoziale Begleitung anbieten** [→Kap. 8] behandelt den wertschätzenden Umgang mit den Betroffenen.

Nach und nach verliert Frau Gärtner ihre geistigen und praktischen Fähigkeiten. Die Familie und der ambulante Pflegedienst müssen für sie immer mehr handeln und entscheiden. Frau Gärtner wird jetzt vollständig von einer anderen Person gewaschen und angezogen. Auch beim Gang auf die Toilette braucht sie vollständige Hilfe.

Das Kapitel **Alltägliche Verrichtungen unterstützen und die Versorgung sicherstellen** [→Kap. 9] beschreibt verschiedene Stufen des Einbeziehens und der Hilfe.

Die Betreuung von Frau Gärtner wird zu einem großen Problem, als die Enkel ausziehen und studieren. Frau Gärtner kann nicht mehr allein bleiben.

Die Tochter steht vor der Entscheidung, ob sie sich ganz der Begleitung und Pflege ihrer Mutter widmet oder ob sie einen Umzug in eine Einrichtung der Altenhilfe einleitet. Nach langem Zögern möchte die Tochter die Pflege ihrer Mutter abgeben. Nach einiger Zeit findet sie eine betreute Wohngruppe, in der nur Menschen mit einer Demenz leben.

Frau Gärtner lebt jetzt in einer Wohnung, die speziell für Menschen mit einer Demenz hergerichtet ist. Eine eher altertümliche, aber sehr wohnliche Einrichtung vermittelt Vertrautheit und Geborgenheit. Die Möbel und die gesamte Ausstattung entsprechen den mittleren oder frühen Lebensphasen der dort lebenden Personen. Die Bewohner leben tagsüber gemeinsam in einer großen Wohnküche. Wer noch über praktische Kompetenzen verfügt, der wird dazu angeleitet, sich an den hauswirtschaftlichen Tätigkeiten zu beteiligen.

Das Kapitel **Für Tätigkeiten und Beschäftigungen sorgen** [→Kap. 10] zeigt die Bedeutung von Aktivitäten.

Nach einer anfangs etwas schwierigen Eingewöhnung lebt Frau Gärtner hier sehr zufrieden. Die starke Unruhe, die sie noch im Haus ihrer Tochter trieb, wo sie wiederholt sich selbst überlassen war, tritt hier nicht mehr auf.

In der neuen Einrichtung kann Frau Gärtner Tätigkeiten und Beschäftigungen nachgehen, bei denen sie ihre verbliebenen Erfahrungs- und Handlungsmöglichkeiten einsetzen kann. Frau Gärtner lebt nun in einem sozialen Lebensumfeld, das ihre vereinfachten Fähigkeiten und Verhaltensweisen toleriert. Erleichterung findet sie in einem räumlich-materiellen Lebensumfeld, das vertraute Alltagsgegenstände und Gestaltungsmerkmale enthält.

Das Kapitel **Rahmenbedingungen schaffen** [→Kap. 11] beschäftigt sich mit der Anpassung des sozialen Lebensumfeldes.

1 Demenz macht Angst

Selbstbestimmung, Rationalität und Selbstkontrolle sind unverzichtbare Voraussetzungen einer eigenständigen Lebensführung. In unserer Kultur sind geistige und soziale Fähigkeiten, Individualität und Autonomie Eigenschaften, an denen der Wert des einzelnen Menschen gemessen wird. Das soziale Ansehen, Achtung und Wertschätzung sind abhängig von diesen Eigenschaften. Vor diesem Hintergrund macht eine Demenz Angst und ist eine existenzielle Bedrohung.

Die Angst vor einer Demenz besteht darin,

- den gebildeten Verstand zu verlieren – Demenz zeigt den Menschen ohne Vernunft, nur mit seinen Emotionen und Gefühlen;
- Begierden und Impulse nicht mehr mit dem Verstand kontrollieren zu können – Demenz legt das Unzivilisierte des Menschen frei;
- die Inszenierung der eigenen Person nicht mehr leisten zu können – Demenz zeigt den Menschen unverfälscht ohne Maske;
- die geglaubte Autonomie nicht mehr leben zu können – Demenz zeigt die Verletzlichkeit und Abhängigkeit von anderen Menschen;
- das Verhalten eines erwachsenen Menschen zu verlieren – Demenz legt die einfachen Handlungsweisen des kleinen Kindes wieder frei;
- die vorgestellte Unabhängigkeit des Geistes einzubüßen – Demenz zeigt die Existenz des Menschen in seiner Abhängigkeit von Körper und Geist;
- die durch richtiges Benehmen, Eigenständigkeit und Selbstbeherrschung begründete Würde zu verlieren – Demenz nimmt diese Eigenschaften und verweist auf die Würde, die rein mit der Existenz des Menschen verbunden ist, die für alle gilt und mit nichts erworben werden muss.

Die Bedrohungen und Ängste, die von der Demenz ausgehen, werden oft verdrängt, der offene Blick auf das Lebensschicksal Demenz wird nicht gewagt. Zudem fällt es schwer anzuerkennen, dass alle psychischen und sozialen Prozesse eine organisch-materielle Grundlage haben. Erst die biochemischen und anatomischen Prozesse in unserem Gehirn verleihen uns die Fähigkeiten zu denken, zu handeln und zu empfinden. In der menschlichen Existenz gibt es keine Trennung von Körper, Geist und Psyche.

Demenz fordert die Prüfung der eigenen Einstellungen. Sie ist eine Erscheinungsform des menschlichen Lebens, ein Teil der menschlichen Normalität. Notwendig ist der Blick auf das mögliche Lebensschicksal Demenz ohne Abwehr der eigenen Ängste. Von der Demenz wird manchmal gesagt, sie sei wie ein Tod mitten im Leben. Erst sterben langsam Geist und Persönlichkeit, dann der Körper: Eine Erfahrung, die alle Angehörigen von Menschen mit einer Demenz gemacht haben oder machen werden. Es gilt anzuerkennen, dass mit dem Leben mit einer Demenz viele schmerzliche und leidvolle Erfahrungen verbunden sind. Die meisten Erkrankungen werden einen unabänderlichen und schweren Verlauf nehmen, der nicht verhindert werden kann. Auch wenn es schwerfällt, muss dies von den Betroffenen und den sie begleitenden Personen akzeptiert werden.

Es wird nicht gelingen, die Probleme eines Lebens mit einer Demenz aufzulösen. Was aber gelingen kann, ist, dieses Leben zu begleiten und Möglichkeiten zu schaffen, in denen Menschen mit einer Demenz mit ihren verbliebenen Erfahrungs- und Handlungsfähigkeiten leben können.

2 Verwirrtheit, Delir oder Demenz?

2.1 Verwirrtheit

Sind Menschen vergesslich, geben auf Fragen keine oder falsche Antworten, haben ungeordnete Gedanken, sind sie unruhig und ruhelos, verstehen Erklärungen nicht, tun „falsche" Dinge, kooperieren nicht, verlaufen sich, sind feindselig oder aggressiv, dann werden sie als „verwirrt" bezeichnet.

„Verwirrtes" Verhalten wird an den sozialen Normen und Werten gemessen, die für „richtiges" Verhalten gelten. Ob jemand verwirrt ist, wird von anderen Personen beurteilt. Sie bewerten ein Verhalten als abweichend, wenn es mit dem, was sie für das Angemessene und Richtige halten, nicht übereinstimmt. Verwirrtheit ist somit in erster Linie eine Zuschreibung und Bewertung von außen. Grundlage hierfür sind die sozialen Übereinkünfte, die für das normale Verhalten gelten.

Ursachen für „verwirrtes" Verhalten können sowohl überfordernde Bedingungen des Lebensumfeldes als auch psychische oder organische Einschränkungen sein.

Wird verwirrtes Verhalten bei einer sich sonst „normal" verhaltenden Person beobachtet, kann dies ein Hinweis darauf sein, dass sie sich im Augenblick in Schwierigkeiten befindet. Hohe Anforderungen und dabei erlebter Stress können die menschlichen Fähigkeiten und Fertigkeiten so blockieren, dass überforderte Personen auf ihre Umgebung verwirrt, verstört und desorientiert wirken. Für ältere Menschen kann ein plötzlicher Krankenhausaufenthalt, der Verlust des Lebenspartners oder der Umzug in ein Pflegeheim so überfordernd sein, dass sie zeitweise verwirren.

Bei den psychischen Erkrankungen älterer Menschen ist es vor allem eine Depression, die das Verhalten und Erleben oft so verändert, dass der erkrankte Mensch in seinem sozialen Umfeld als verwirrt erscheint. Menschen verhalten sich auch verwirrt und desorientiert, wenn ihr Gehirn akut oder chronisch in seinen Funktionen beeinträchtigt ist.

Wird bei einem Menschen Verwirrtheit beobachtet, dann sollten die Ursachen dafür sorgfältig abgeklärt werden. Wird das vernachlässigt, kann dies für den betroffenen Menschen weitreichende Konsequenzen haben. So kann es zu Schlussfolgerungen und Entscheidungen kommen, die nachhaltig die Gesundheit des Menschen schädigen oder seine eigenständige Lebensführung beschneiden können. Dies ist z.B. dann der Fall, wenn jemand in ein Pflegeheim kommt, obwohl eine behandelbare Krankheit vorliegt oder der Grund der Verwirrung in einer vorübergehend belastenden Lebenssituation liegt.

2.2 Delir

Setzt Verwirrtheit plötzlich ein, dann ist die häufigste Ursache hierfür ein Delir. Zu den Anzeichen eines Delirs gehört neben der Verwirrtheit und Desorientierung auch ein beeinträchtigtes Bewusstsein.

Menschen mit einem Delir sind schläfrig und wirken benommen. Sie reden konfuses und sinnloses „Zeug". Ihre Sprache ist unverständlich und verwaschen. Sie können keine neuen Informationen in ihr Gedächtnis aufnehmen.

Ihr Denken ist verlangsamt, zerfahren und ohne inneren Zusammenhang. Ihre Aufmerksamkeit ist vermindert. Sie sind nicht zur Zeit, zum Ort und zur Situation orientiert. Sie sind unruhig und erregt und können visuelle oder akustische Halluzinationen haben. Sie wirken meist hilflos und ängstlich.

Anzeichen, die auf ein Delir hinweisen:

- plötzliches Einsetzen der Verwirrtheit oder Desorientierung
- eingetrübtes Bewusstsein (Schläfrigkeit, Benommenheit)
- Wahnvorstellungen
- visuelle oder akustische Halluzinationen

Risikofaktoren für ein Delir:

- höheres Lebensalter
- Multimorbidität (Bestehen mehrerer Erkrankungen)
- Schädigungen des Gehirns
- Medikamente

Ursachen für ein Delir:

- starke Schmerzen (Verstopfung, Harnverhalten etc.)
- Verschlechterung der Herz- und Lungenfunktion
- Harnwegsinfekte
- Fieber bei Infektionen
- Infekte
- Exsikkose (Austrocknung in Folge von unzureichender Flüssigkeitszufuhr)
- akute Durchblutungsstörung des Gehirns (z.B. eine transitorisch ischämische Attacke)
- Stoffwechselstörungen (z.B. Unterzuckerung, Funktionsstörungen der Schilddrüsen, Nieren- oder Leberinsuffizienz etc.)
- Nebenwirkungen eines Medikaments oder die Wechselwirkung mehrerer Medikamente

Ein Delir ist immer ein Notfall und muss sofort behandelt werden. In den meisten Fällen bilden sich die Einschränkungen zurück, wenn die Ursachen des Delirs erkannt und behandelt werden.

2.3 Depression

Eine Depression zeigt sich in niedergeschlagener, trauriger Stimmung, existenziellen Ängsten sowie in Denk- und Schlafstörungen. Der innere Antrieb ist stark herabgemindert. Menschen mit einer Depression können sich nicht mehr freuen, sind lustlos, müde und haben große Mühe, Entscheidungen zu treffen. Sie erleben häufig eine Gefühls- und Empfindungslosigkeit. Das Interesse am Leben geht verloren.

Mit einer Depression sind auch Einschränkungen des Denkens und Handelns verbunden. Menschen mit einer Depression grübeln über ein und denselben Gedanken und können diesen nicht aufgeben. Ihre Konzentration und Aufmerksamkeit sind herabgesetzt. Durch ihren mangelnden Antrieb sind sie gelähmt, ihren Alltag zu bewältigen. Sie verlieren nicht ihre Fähigkeiten zum Tätigsein, aber ihnen fehlt die innere Energie zum Handeln. Menschen mit einer Depression erleben sich innerlich erstarrt und vom äußerlichen Leben abgeschnitten. Ihre veränderte Lebenssituation erleben sie als Bedrohung, die bei ihnen Verzweiflung, Hoffnungslosigkeit und Angst vor Vernichtung auslöst.

Auf andere Personen machen sie einen hilflosen Eindruck. Ihre eingeschränkten Fähigkeiten zur Bewältigung ihres Alltags dürfen aber nicht mit einer Demenz gleichgesetzt werden.

2.4 Definition einer Demenz

Das Wort Demenz (von lat. *de mens*) bedeutet „ohne Geist“, „der Geist ist weg“ oder „der Verstand ist verloren“. Eine Demenz entwickelt sich, wenn die Funktionen und Leistungen des Gehirns durch eine organische Erkrankung umfangreich geschädigt werden.

Die Internationale statistische Klassifikation der Krankheiten und verwandter Gesundheitsprobleme (ICD-10) der Weltgesundheitsorganisation (WHO) definiert eine Demenz wie folgt:

„Demenz ist ein Syndrom als Folge einer meist chronischen oder fortschreitenden Krankheit des Gehirns mit Störung vieler höherer kortikaler Funktionen, einschließlich Gedächtnis, Denken, Orientierung, Auffassung, Rechnen, Lernfähigkeit, Sprache und Urteilsvermögen. Das Bewusstsein ist nicht getrübt. Die kognitiven Beeinträchtigungen werden gewöhnlich von Veränderungen der emotionalen Kontrolle, des Sozialverhaltens oder der Motivation begleitet, gelegentlich treten diese auch eher auf. Dieses Syndrom kommt bei der Alzheimer-Krankheit, bei zerebrovaskulären Störungen und bei anderen Zustandsbildern vor, die primär oder sekundär das Gehirn betreffen."

Demenzformen, die im ICD-10 aufgeführt werden:

- Demenz bei Alzheimer-Krankheit
- vaskuläre Demenz
- Multiinfarkt-Demenz
- subkortikal vaskuläre Demenz
- Demenz bei Pick-Krankheit
- Demenz bei Creutzfeld-Jakob-Krankheit
- Demenz bei Chorea Huntington
- Demenz bei primärem Parkinson-Syndrom
- Demenz bei HIV-Krankheit
- Demenz bei andernorts klassifizierten Krankheitsbildern
  - Epilepsie
  - hepatolentikuläre Degeneration
  - Hyperkalziämie
  - Hyperthyreose, erworben
  - Intoxikationen
  - Multiple Sklerose
  - Neurosyphilis
  - Niazin-Mangel (Pellagra)
  - Panarteriitis nodosa
  - systemischer Lupus erythematodes
  - Trypanosomiasis
  - Vitamin-B12-Mangel
  - zerebrale Lipidstoffwechselstörung

Wie diese Auflistung zeigt, gibt es kein einheitliches Krankheitsbild einer Demenz, sondern eine Fülle von Demenzformen. Zudem wird in der Definition des ICD-10 deutlich, dass eine Demenz keine eigenständige Krankheit ist, sondern immer die Folge einer Erkrankung.

In diesem Text wurde deshalb die Bezeichnung „Menschen mit einer Demenz" gewählt. Damit soll deutlich werden, dass es sich immer um eine von mehreren Möglichkeiten einer Demenz handelt. Die einzelnen Krankheiten unterscheiden sich in der Art und Weise, wie sie das Gehirn schädigen und wie sich der Verlauf gestaltet. Jede einzelne Krankheit entwickelt ihre spezielle Form der Demenz. Lediglich in ihren jeweiligen Endstadien gleichen sie sich einander an.

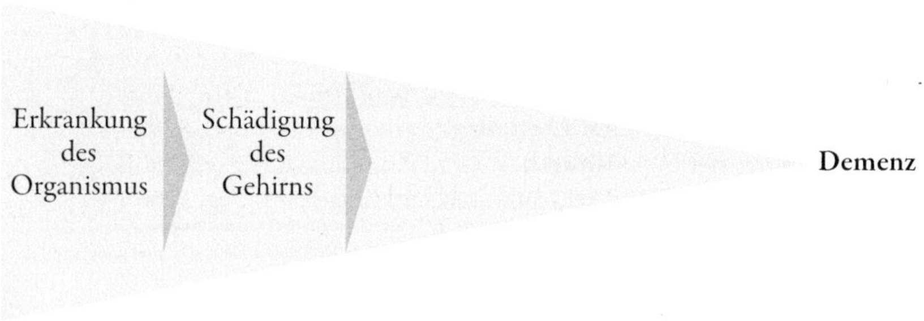

Zusammenhang zwischen Krankheit und Demenz

Die Entwicklung einer Demenz ist ein langsamer und sich oft über einen langen Zeitraum erstreckender Prozess. Auf die Umgebung machen die erkrankten Menschen lange den Eindruck einer ganz „normalen" Person. Erst wenn die Schädigungen des Gehirns einen bestimmten Umfang angenommen haben, können die Erfahrungs- und Handlungsmöglichkeiten im Verhalten und Erleben beobachtet werden.

2.5 Diagnose der Demenz

Anzeichen, die auf eine Demenz hinweisen können:

- Probleme beim Lernen und Behalten neuer Informationen; kurz zurückliegende Ereignisse werden nicht erinnert.
- Verlegte Gegenstände (Geldbörse, Schlüssel, Brille etc.) werden immer häufiger gesucht.
- Termine und Verabredungen werden vergessen.
- Haushaltsgeräte können nicht mehr bedient werden.
- Gewohnte Tätigkeiten, z.B. die Zubereitung einer Mahlzeit, können nicht mehr richtig durchgeführt werden.
- Gegenstände befinden sich an Orten, wo sie nicht hingehören – die Mülltüte liegt im Kühlschrank, das Bügeleisen im Schuhregal.
- In Unterhaltungen und Gesprächen werden nicht mehr spontan die passenden Worte gefunden, stattdessen werden unpassende Füllworte oder weitschweifige Umschreibungen benutzt.
- In einer neuen Umgebung wird sich nur schwer zurechtgefunden und die Orientierung fehlt. Zeitweise wird die alte vertraute Wohnung nicht erkannt, der Weg nach Hause nicht gefunden.
- Der Aufenthaltsort ist unbekannt, der Betroffene weiß nicht, wie er dort hingekommen ist.
- Das Verständnis für den Wert von Geld ist verloren. Es gelingt nicht mehr, das Geld an der Ladenkasse abzuzählen.
- Inhaltliche Zusammenhänge in Gesprächen werden nicht mehr richtig verstanden.
- Kleidung wird in falscher Reihenfolge angezogen. Mehrere Kleidungsstücke werden übereinandergezogen.
- Die Bekleidung ist für den Anlass oder die Witterung unpassend, der Bademantel wird auf der Straße getragen.
- Häufig bestehen Gereiztheit, Verärgerung, aber auch depressive Verstimmungen.
- Es können zeitweise Zustände von Verstörtheit, Verzweiflung oder Verwirrtheit beobachtet werden.
- Individuelle Eigenschaften können deutlicher sichtbar werden: Wer z.B. vorsichtig und umsichtig war, wird misstrauisch, oder aus Sparsamkeit wird Geiz.

- Es kann auch zu einer ausgeprägten Veränderung der Persönlichkeit kommen. Wer immer freundlich war, wird gereizt, streitsüchtig und manchmal aggressiv.
- Das Interesse an Tätigkeiten und Beschäftigungen geht verloren.
- Soziale Kontakte werden aufgegeben. Es findet ein Rückzug aus mitmenschlichen Beziehungen statt.

Es könnte sich eine Demenz und somit eine Schädigung des Gehirns entwickelt haben, wenn sich bei einer Person über einen längeren Zeitraum mehrere der oben beschriebenen Einschränkungen und Verhaltensweisen beobachten lassen.

Um zu einer sicheren Diagnose zu kommen, muss zuerst der Verdacht auf eine Demenz durch neuropsychologische Testverfahren bestätigt werden. Erst wenn die Diagnose Demenz sicher festgestellt ist, erfolgt die Diagnose der zu Grunde liegenden organischen Krankheit.

2.6 Einschränkungen bei einer Demenz

Der Definition des ICD-10 ist zu entnehmen, dass bei einer Demenz die Einschränkungen des Gedächtnisses, Denkens und Handelns im Vordergrund stehen. Zusätzlich können je nach Art der Schädigungen des Gehirns die Aufmerksamkeit vermindert und die visuelle Wahrnehmung gestört sein. Ebenso können hierdurch die motorischen Fähigkeiten beeinträchtigt sein bzw. langsam verloren gehen.

Es kommt dann zu vereinfachten Erfahrungs- und Handlungsmöglichkeiten, die sich im Verhalten und Erleben beobachten lassen.

Lernen: Lern- und Merkstörungen (anterograde Amnesie), Desorientierung an neuen Orten, zur Zeit, zum eigenen Handeln, zur eigenen Lebenssituation

Erkennen: mangelhaftes Erkennen der Umgebung und der alltäglichen Dinge (Agnosie), Desorientierung zu vertrauten Orten in alltäglichen Situationen

Sprache: Einschränkungen und Verluste der Sprachfähigkeit und des Sprachverständnisses (Aphasie)

Denken und Urteilen: Verlust der Abstraktionsfähigkeit, eingeschränkte Einsichtsfähigkeit und Kontrolle des Verhaltens, fehlende Einsicht in die Erkrankung

Erinnern: Verlust der biografischen Lebenserfahrungen (retrograde Amnesie), Desorientierung zur Person

Handeln: Einschränkungen und Verluste der praktischen Fähigkeiten (Apraxie)

Aufmerksamkeit: Ablenkbarkeit bei alltäglichen Verrichtungen und mangelhafte Konzentration bei der Kommunikation

Motorische Steuerung: Einschränkungen und Verluste der Beweglichkeit und Feinmotorik

2.7 Häufigkeit der Demenz

Zahlreiche Untersuchungen zeigen, dass in Deutschland sowie in allen anderen Industrieländern 6 bis 9 Prozent der über 65-Jährigen an einer Demenz leiden. Das waren in Deutschland im Jahre 2000 bei einer Bevölkerung von 82,2 Millionen Menschen und einem Anteil von ca. 16 Prozent älterer Menschen über 65 Jahren 850.000 bis 1.130.000 Personen. Da sich die Anzahl älterer Menschen in den nächsten Jahrzehnten erhöhen wird, steigt die geschätzte Zahl von Menschen mit einer Demenz auf ca. 1,7 Millionen im Jahr 2030 und auf ca. 2,3 Millionen im Jahre 2050 an.

Jahr	Bevölkerung in Deutschland	> 65 Jahre	Zahl der Menschen mit einer Demenz
2000	82,2 Mio.	ca. 16 %	ca. 1,13 Mio.
2030	74,3 Mio.	ca. 27 %	ca. 1,7 Mio.

[Tab. 1] Bevölkerungsentwicklung und Anzahl von Menschen mit einer Demenz

Die Häufigkeit einer Demenz steigt mit zunehmendem Alter steil an. In der Altersgruppe der 65- bis 69-Jährigen leiden ca. 1,2 Prozent der Menschen an einer Demenz. Bei den über 90-Jährigen sind es über 30 Prozent. Im Abstand von fünf Jahren verdoppelt sich der Anteil in den jeweiligen Altersgruppen. Rund zwei Drittel aller erkrankten Menschen haben das 80. Lebensjahr bereits vollendet.

Zunahme der Häufigkeit einer Demenz mit dem Lebensalter

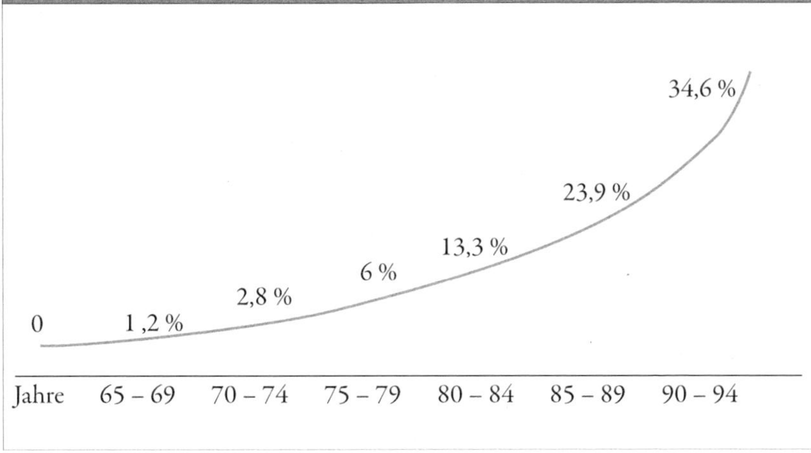

In jedem Jahr entwickelt sich bei rund 250.000 der über 65-Jährigen eine Krankheit, in deren Folge eine Demenz entsteht. Die Wahrscheinlichkeit, an einer Demenz zu leiden, ist für Frauen und Männer bei gleichem Alter ähnlich hoch. Da Frauen aber durchschnittlich ca. sieben Jahre länger leben als Männer, gibt es in den hohen Altersgruppen deutlich mehr Frauen. Von allen Menschen mit einer Demenz sind etwa 70 Prozent Frauen und 30 Prozent Männer.

2.8 Schweregrad

Die Entwicklung einer Demenz bedeutet in der Regel die zunehmende Veränderung und Verschlechterung der geistigen, körperlichen und alltagspraktischen Fähigkeiten. Um den Schweregrad einer Demenz erfassen und abbilden zu können, hat der Amerikaner Barry Reisberg eine Skala erstellt (siehe folgende Seite). Die Beschreibung der einzelnen Schweregrade innerhalb dieser Skala orientiert sich hierbei an der Entwicklung der Alzheimer-Krankheit.

Bei der Alzheimer-Krankheit gibt es eine charakteristische Ausbreitung der Schädigungen im Gehirn. Bei allen Menschen, die von dieser Krankheit betroffen sind, ist deshalb mit einer vergleichbaren Entwicklung der Einschränkungen und Verluste zu rechnen. In den sieben Stufen der Reisberg-Skala spiegelt sich diese Entwicklung wider.

In der Abfolge der Stufen liegt aber keine Naturgesetzlichkeit für alle Demenzformen. Andere Erkrankungen (Vaskuläre Demenz, Levy-Körper-Demenz, Frontotemporale Demenz etc.) zeigen ganz andere Verläufe, als sie für die Alzheimer-Krankheit typisch sind. Ist die organische Erkrankung unbekannt oder handelt es sich um eine andere Erkrankung als die Alzheimer-Krankheit, ist eine Vorhersage der als nächstes zu erwartenden Einschränkungen nicht möglich. Nur bei gesicherter Diagnose der Alzheimer-Krankheit kann man mit einem Verlauf rechnen, der dem der Schweregradskala nach Reisberg ähnelt.

Geeignet ist die Skala, um die augenblicklich verbliebenen Erfahrungs- und Handlungsmöglichkeiten zu bestimmen und den hiermit verbundenen Bedarf an Begleitung und Pflege. Dafür werden das Verhalten und die Fähigkeiten einzelner Personen einem Schweregrad zugeordnet. Die Reisberg-Skala kann die Planung der Begleitung und Pflege in einem Wohnbereich oder einer Wohngruppe unterstützen; sie dient zur Verständigung der begleitenden Personen.

GDS-Skala (Global Deterioration Scale) von Barry Reisberg

1. Keine kognitiven Einbußen

Keine Hinweise auf Einbußen:

- keine subjektiven Beschwerden (Selbsteinschätzung des Betroffenen)
- keine objektiv feststellbaren Hinweise (Fremdeinschätzung im klinischen Interview oder durch das soziale Umfeld)

2. Zweifelhafte kognitive Einbußen

Subjektive Wahrnehmung von Einbußen:

- Vergessen, wo vertraute Gegenstände abgelegt wurden
- Vergessen von früher gut bekannten Namen
- keine objektiv feststellbaren Hinweise auf Einbußen, weder im klinischen Interview noch im Beruf oder im sozialen Umfeld

3. Geringe kognitive Einbußen

Erste eindeutig feststellbare Einbußen:

- Orientierungslosigkeit an unbekannten Orten
- reduzierte Arbeitsleistung
- Wort- und Namensfindungsstörungen
- Verlegen oder Verlieren von Wertgegenständen

(zunächst nur bemerkt von Personen aus dem näheren Umfeld wie Lebenspartner, Freunde, Arbeitskollegen; eine objektive Feststellung ist nur im ausführlichen klinischen Interview oder durch psychometrische Tests möglich)

Die betroffenen Personen empfinden geringe bis mittelgradige Angst und leugnen ihre Defizite.

4. Mäßige kognitive Einbußen

Eindeutig feststellbar mäßige Einbußen:

- Vergessen aktueller oder kurz zurückliegender Ereignisse
- Gedächtnislücken bezüglich des eigenen Lebenslaufes
- abnehmende Fähigkeiten, sich örtlich zu orientieren und mit Geld umzugehen
- Unfähigkeit, komplexe Aufgaben durchzuführen

Meist erhaltene Fähigkeiten in folgenden Bereichen:

- Orientierung zur Zeit und zur Person
- Wiedererkennen vertrauter Personen und Gesichter
- Orientierung an bekannten Orten

Die betroffenen Personen setzen das Leugnen als dominierende Abwehrstrategie ein und meiden Situationen mit höheren Anforderungen; der Affekt verflacht.

5. Mittelschwere kognitive Einbußen

Eindeutig feststellbare mittelschwere Einbußen:

- Erinnerungsverlust bezüglich relevanter Aspekte des eigenen Lebens, z.B. Adresse, Namen naher Familienangehöriger
- Desorientierung zur Zeit (Datum, Wochentag, Jahreszeit) oder zum Ort
- Schwierigkeiten, situationsgerechte Kleidung auszuwählen (z.B. Hausschuhe zum Waldspaziergang)
- Schwierigkeiten, Rechenaufgaben zu lösen

Meist erhaltene Fähigkeiten in folgenden Bereichen:

- Erinnerungen an einige Fakten, sich selbst oder andere betreffend, z.B. Kenntnis des eigenen Namens oder der Namen von Ehepartnern oder Kindern
- Selbstständigkeit beim Toilettengang oder beim Essen

6. Schwere kognitive Einbußen

Eindeutig feststellbare schwere Einbußen:

- vollständiger Wissensverlust bezüglich kurz zurückliegender Ereignisse und Erfahrungen
- nur noch bruchstückhafte Erinnerungen an die eigene Vergangenheit
- Wahrnehmungsverlust bezüglich zeitlicher Veränderungen/Jahreszeiten
- häufige Störung des Tag-Nacht-Rhythmus
- Orientierungslosigkeit an bekannten Orten
- Schwierigkeiten, einfache Rechenaufgaben zu lösen
- teilweise Unfähigkeit, selbstständig zur Toilette zu gehen oder zu essen

Meist erhaltene Fähigkeiten in folgenden Bereichen:

- Erinnerung an den eigenen Namen
- Unterscheidung bekannter und fremder Personen

Hervortreten von Persönlichkeitsveränderungen und Gefühlsstörungen:

- Verfolgungsgedanken
- Zwangshandlungen
- Angst, Unruhe oder früher nicht bekanntes aggressives Verhalten
- fehlender Willensantrieb (z.B. kann ein Gedankengang nicht lange genug verfolgt werden)

7. Sehr schwere kognitive Einbußen

Eindeutig feststellbare sehr schwere Einbußen:

- Begrenzung der sprachlichen Fähigkeiten auf Automatismen; häufig völliger Sprachverlust
- Harninkontinenz
- Unfähigkeit, selbstständig zur Toilette zu gehen oder zu essen
- zunehmender Verlust psychomotorischer Fähigkeiten (z.B. Laufen)
- häufig allgemeine neurologische Symptome

2.9 Depression und Demenz

Gerade zu Beginn ihrer Erkrankung erleben Menschen mit einer Demenz bewusst, wie die eingeschränkten Erfahrungs- und Handlungsmöglichkeiten ihr Leben verändern. Ein Teil dieser Personen reagiert darauf mit einer Depression. Die Einschränkungen einer Depression und die einer beginnenden Demenz überlagern und verstärken sich dann.

Während bei einer Depression der Antrieb zu einem noch möglichen Handeln fehlt, geht bei einer Demenz die Fähigkeit zum Handeln verloren. Menschen mit einer beginnenden Demenz versuchen, ihre Alltagsprobleme vor anderen Personen zu verbergen und zu verleugnen. Menschen mit einer Depression hingegen klagen häufig eindringlich über ihre Lebensprobleme.

Eine Depression kann Veränderungen des Verhaltens und Erlebens mit sich bringen, die denen einer Demenz sehr ähnlich sind. Nur durch eine neurologisch-psychiatrische Untersuchung lassen sich die Einschränkungen einer anfänglichen Demenz von denen einer Depression unterscheiden.

Depression Demenz

3 Krankheiten – Ursachen einer Demenz

Eine Demenz kann von vielen unterschiedlichen Krankheiten verursacht werden. In 90 Prozent der Erkrankungen sind dies degenerative Prozesse, die sich direkt im Gehirn entwickeln. Diese Erkrankungen schreiten in den meisten Fällen langsam, aber unaufhaltsam fort. In der Regel sind sie ursächlich nicht behandelbar. Die Alzheimer-Krankheit ist die am häufigsten vorkommende Erkrankung, die zu einer Demenz führt. Ca. 60 Prozent der Menschen, die eine Demenz haben, sind an der Alzheimer-Krankheit erkrankt. Weitere Ursachen, die häufiger vorkommen, sind Durchblutungsstörungen im Gehirn infolge von Gefäßschädigungen und Gefäßverschlüssen sowie die Demenz vom Lewy-Körper-Typ und die Frontotemporale Demenz (Morbus Pick). In der folgenden Übersicht sind einige Erkrankungen aufgeführt:

Mögliche Ursachen einer Demenz:

- Alzheimer-Krankheit
- Frontotemporale Demenz
- Levy-Körper-Demenz
- Chorea Huntington
- Funktionsstörung der Schilddrüse:
  – Hypothyreoidismus (Unterfunktion)
  – Hyperthyreoidismus (Überfunktion)
- Diabetes mellitus, chronische Hypoglykämie (Unterzuckerung)
- Multiple Infarkte
- Morbus Binswanger
- Thalamusinfarkte
- subdurales Hämatom
- Normaldruckhydrocephalus
- Hirnmetastasen
- AIDS
- Morbus Creutzfeld-Jacob
- progressive Paralyse (Neurosyphilis)
- chronische Meningo-Encephalitis (Hirn- und Hirnhautentzündung)
- Missbrauch von Genuss- und Suchtmitteln (Alkohol, Drogen)

- Vergiftungen
  – Metalle, z.B.: Blei, Quecksilber, Aluminium
  – Lösungsmittel
- Medikamente, wie z.B.
  – Benzodiazepine (Tranquilizer)
  – Neuroleptika
- Zustand nach Reanimation
- Postkontusionell (nach Schädel-Hirn-Trauma)
- Dementia pugilistica (Boxer-Syndrom)

3.1 Alzheimer-Krankheit

Die Alzheimer-Krankheit ist die häufigste Ursache einer Demenz. Sechs von zehn Menschen mit einer Demenz leiden an der Alzheimer-Krankheit. Der Nervenarzt Alois Alzheimer (1864–1914) hat diese Erkrankung als erster Wissenschaftler genauer untersucht und erstmals 1907 in einer medizinischen Fachzeitschrift beschrieben.

Im Verlauf der Alzheimer-Krankheit kommt es zu einem langsam fortschreitenden Untergang von Nervenzellen und Nervenzellverbindungen (Synapsen). Die auslösenden Ursachen der Erkrankung sind bisher nicht bekannt. Es ist deshalb zurzeit noch nicht möglich, die Krankheit ursächlich zu behandeln bzw. den Untergang der Nervenzellen zu verhindern oder zu stoppen. Haben die für die Alzheimer-Krankheit typischen Veränderungsprozesse im Gehirn eingesetzt, so schreitet die Krankheit unaufhaltsam voran.

Veränderungen im Gehirn:

- Verlust von Nervenzellen und ihren Verbindungen (Synapsen)
- Bildung von Plaques (Amyloid-Ablagerungen)
- Bildung von Neurofibrillenbündeln (Ablagerungen aus Tauprotein)
- Mangel an Acetylcholin

Der Verlust an Nervenzellen und Nervenzellverbindungen führt zu einer ausgeprägten Schrumpfung (Atrophie) des Gehirns. Das erkrankte Gehirn zeigt schmalere Hirnwindungen und breitere Furchen. Die Hirnkammern (Ventrikel) sind stark erweitert. Die Nervenzellen können im Verlauf der Krankheit bis zur Hälfte verloren gehen.

Die in früheren Jahren vorgenommene Einteilung in senile Alzheimer-Krankheit (Erkrankung ab dem Alter von 65 Jahren) und präsenile (Erkrankung vor dem Alter von 65 Jahren) wurde fallen gelassen. Denn es ist mittlerweile nachgewiesen, dass die Krankheit unabhängig vom Alter zu den gleichen Veränderungen im Gehirn führt.

Die Heimtücke der Alzheimer-Krankheit besteht darin, dass der zerstörende Prozess des Gehirns schon eingesetzt hat, bevor die ersten Einschränkungen von der erkrankten Person wahrgenommen oder durch andere Personen beobachtet werden können. Erst wenn der Umfang des Verlustes an Nervenzellen eine bestimmte Schwelle überschritten hat, machen sich langsam die ersten Einschränkungen des Gedächtnisses bemerkbar. Der nahezu unbemerkte Beginn macht es somit schwer, die oft nur leicht veränderten Verhaltensweisen eines Menschen mit dieser Krankheit in Verbindung zu bringen. Erst wenn Versagen und Fehlleistungen deutlich zu Tage treten, erkennt die Umgebung die ersten Anzeichen der Alzheimer-Krankheit.

Erste Symptome einer Demenz

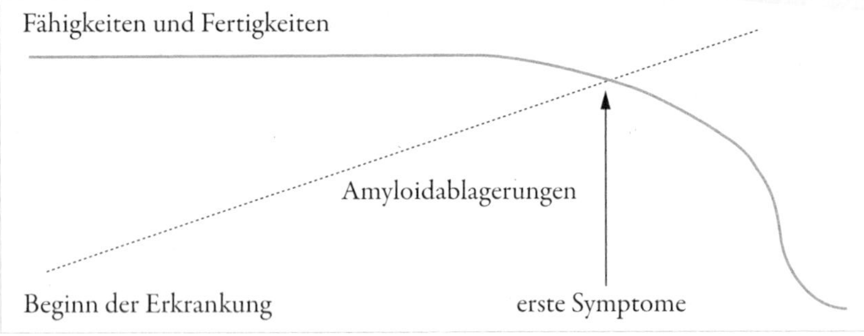

Da der zerstörende Prozess des Gehirns nicht direkt beobachtet werden kann, ist die Diagnose der Alzheimer-Krankheit eine so genannte Ausschlussdiagnose. Erst wenn ausgeschlossen ist, dass nicht eine andere Krankheit die festgestellte Demenz verursacht, kann mit hoher Wahrscheinlichkeit angenommen werden, dass es sich um die Alzheimer-Krankheit handelt.

3.2 Vaskuläre Demenz

Die zweithäufigste Demenzform ist die vaskuläre Demenz. Bei ca. 15–20 Prozent der von einer Demenz betroffenen Menschen entstehen die Einschränkungen und Verluste durch eine mangelhafte Durchblutung des Gehirns. Die meisten älteren Menschen haben arteriosklerotische Veränderungen ihrer Blutgefäße, ohne dass eine Demenz vorhanden ist. Erst bei einem Zusammenhang zwischen einer arteriosklerotischen Erkrankung und verminderten Fähigkeiten ist der Verdacht auf eine vaskuläre Demenz gegeben.

Bei der Diagnosestellung sind somit zwei Bedingungen zu erfüllen: erstens die Diagnose einer Demenz, zweitens der Nachweis der Schädigungen, die zu einer mangelhaften Durchblutung des Gehirns führen.

Die häufigsten Ursachen für eine Minderdurchblutung des Gehirns sind zerebrale Infarkte (Schlaganfälle) und durch Bluthochdruck geschädigte arterielle Gefäße. So genannte strategische Infarkte, z.B. beidseitig des Thalamus, führen auch bei geringer Größe zu ausgeprägten Funktionsstörungen des Gehirns. Ebenso können multiple Infarkte zu einer vaskulären Demenz führen. Hierbei entstehen Lakunen, d. h. kleine löchrige Schädigungen, die in vielen Bereichen des Gehirns auftreten können. Häufig betroffen sind hiervon auch die unterhalb der Großhirnrinde (subkortikal) liegenden Regionen des Gehirns. Zu der Entwicklung einer Demenz kommt es, wenn sich die Lakunen häufen oder zu größeren Hohlräumen vereinen. Die Entwicklung einer Demenz wird hierbei lange nicht erkannt, da die Einschränkungen der Fähigkeiten stark schwanken oder oft nur bei Ermüdung eintreten.

Eine vaskuläre Demenz kann sich ankündigen durch Kopfschmerzen, Schwindel oder transitorisch-ischämische Attacken (nur kurze Zeit anhaltende Durchblutungsstörungen des Gehirns mit sichtbaren neurologischen Symptome, wie z.B. Lähmungen, Seh- und Sprachstörungen).

Wenn es bei einer vaskulären Demenz nicht zu Schäden im Frontalhirn kommt, bleibt die Persönlichkeit oft bis in späte Phasen der Erkrankung erhalten. Aufmerksamkeit und Konzentration können je nach Zustand der Durchblutung des Gehirns innerhalb von Stunden oder Tagen sehr schwanken.

Häufig entwickelt sich bei einer vaskulären Demenz eine depressive Verstimmung, die bis zur ausgeprägten Depression reichen kann. Nicht immer ist die Depression eine Reaktion auf das Erleben der eingeschränkten Fähigkeiten und verlorenen Eigenständigkeit. Vielmehr können Schäden innerhalb des Gehirns auch zu einer organischen Ursache einer Depression werden.

Eine vaskuläre Demenz kann mit einer Depression verbunden sein.

Alle Einschränkungen und Verluste, die bei einer Alzheimer-Krankheit auftreten können, sind auch bei einer vaskulären Form der Demenz möglich. Der Verlauf einer vaskulären Demenz wird durch die Art und Weise bestimmt, wie sich die Schäden und Störungen auf die Blutversorgung des Gehirns auswirken.

Der Beginn ist oft plötzlich, nämlich dann, wenn es zu Infarkten im Gehirn kommt. Im weiteren Verlauf kommt es häufig zu starken Schwankungen der Einschränkungen, je nachdem, welche Regionen des Gehirns geschädigt werden. Dies sind bei einer vaskulären Demenz nicht nur Regionen, die geistige und praktische Fähigkeiten hervorbringen. Vielmehr gehören zu einer vaskulären Demenz oft auch Lähmungen, Bewegungs- und Schluckstörungen sowie beeinträchtigtes Sprechen.

3.3 Demenz vom Lewy-Körper-Typ

Bei dieser Form der Demenz bilden sich in der Struktur der Nervenzellen Einschlusskörper, die als Lewy-Körper bezeichnet werden. Die Lewy-Körper finden sich sowohl in der Großhirnrinde (Neocortex) als auch in den subkortikalen Regionen des Gehirns, hier verstärkt im limbischen System. Mit der Bildung von Lewy-Körpern wird die Produktion des Neurotransmitters Dopamin reduziert.

Die Krankheit kann sowohl eigenständig auftreten als auch im Rahmen einer bereits bestehenden Parkinson-Erkrankung. Neben den Einschlüssen von Lewy-Körpern sind zusätzlich auch die für die Alzheimer-Krankheit typischen neuritischen Plaques im Gehirn zu finden. Die neurofibrillären Bündel aus Tauprotein, typisch für die Alzheimer-Krankheit, fehlen hingegen. Dies zeigt, dass die Demenz vom Lewy-Körper-Typ keine Unterform der Alzheimer-Krankheit, sondern eine eigene Form der Demenz ist.

Die geistigen Fähigkeiten werden in gleichem Umfang und mit ähnlicher Geschwindigkeit beeinträchtigt wie bei der Alzheimer-Krankheit. Die auftretenden Bewusstseinsstörungen, bei denen die erkrankten Menschen oft stumm und kaum ansprechbar sind, können als extreme Ausfälle der Aufmerksamkeit und der Wachheit verstanden werden. Die Demenz vom Lewy-Körper-Typ unterscheidet sich von anderen Demenzformen durch das starke Hin und Her zwischen dem Vorhandensein verbliebener Fähigkeiten und ihrem vollständigen Ausfall. Sie können teilweise von Stunde zu Stunde und in manchen Fällen auch in noch kürzerem Rhythmus schwanken.

Zusätzlich setzen bei zwei Drittel der erkrankten Menschen plötzlich visuelle Halluzinationen ein, auf die sie mit Verwirrung oder heftigen Ängsten reagieren. Etwa 40 Prozent der Menschen mit einer Demenz vom Lewy-Körper-Typ zeigen Anzeichen einer Depression. Außerdem haben bis zu 70 Prozent die für die Parkinson-Krankheit typischen Beeinträchtigungen der Beweglichkeit wie Muskelsteifheit, Verlangsamung der Bewegungsabläufe und Gangstörungen. Menschen, die an der Demenz vom Lewy-Körper-Typ leiden, sind oft überempfindlich gegenüber allen Neuroleptika. Wenn sie diese einnehmen, kann es zu schweren Komplikationen kommen.

3.4 Frontotemporale Demenz (Morbus Pick)

Bei den primär degenerativen Formen der Demenz ist die Frontotemporale Demenz, neben der Alzheimer-Krankheit, die am zweithäufigsten vorkommende Erkrankung in den mittleren Lebensjahren. Sie tritt in der Regel zwischen dem 45. und 65. Lebensjahr auf.

Die Frontotemporale Demenz wird verursacht durch einen auf den Stirnlappen (Frontallappen) und den Schläfenlappen (Temporallappen) begrenzten Verlust von Nervenzellen. Das Gehirn schrumpft in diesen Regionen auffallend deutlich (Atrophie). Bei fast allen Menschen mit einer Frontotemporalen Demenz kommt es zu Beginn der Erkrankung zu einer Veränderung der Persönlichkeit und des Sozialverhaltens. Hierbei besteht keine Einsicht in die Erkrankung. Die meisten Menschen mit einer Frontotemporalen Demenz wirken unkonzentriert, oberflächlich und vernachlässigen ihre Pflichten. Sie werden teilnahms- und antriebslos, apathisch; sie verlieren ihr Interesse an sozialen Kontakten und Beschäftigungen.

Im Verlauf dieser Krankheit wird die Sprache immer eingeschränkter. Zunächst verringert sich der Wortschatz. Um diesen Mangel auszugleichen, benutzen die Betroffenen vermehrt stereotype Redewendungen. Später werden sie durch das Verhaften an einzelnen Worten oder Silben daran gehindert weiterzusprechen. Oder sie sprechen beständig Worte der sie begleitenden Personen nach (Echolalie).

Menschen mit einer Frontotemporalen Demenz können ihre Gedanken nur noch bedingt kontrollieren und steuern. Die Betroffenen werden taktlos in der Beziehung zu anderen Personen. Sie sind leicht reizbar und verhalten sich zuweilen offen aggressiv. Es kann passieren, dass sie in der Öffentlichkeit unangemessen oder gar nicht bekleidet erscheinen. Nicht selten verändern sich ihre Ernährungsgewohnheiten. Sie essen dann mehr und bevorzugen vor allem süße Speisen. Auffällig sind ihre fortdauernden stereotypen Bewegungen. Sie wiederholen fortwährend Silben, summen dauerhaft, reiben die Hände, klatschen oder scharren mit ihren Füßen.

Die Schäden des Gehirns, die zur Frontotemporalen Demenz führen, können sehr unterschiedlich sein. Gemeinsam ist ihnen die vorrangige Atrophie der frontotemporalen Bereiche des Gehirns. In Abhängigkeit zu dem genauen Ort, wo die Schäden auftreten, sind die Einschränkungen und Verluste von Person zu Person sehr unterschiedlich. Wird der Frontallappen vorwiegend im vorderen oberen Bereich geschädigt, kommt es zu einer deutlichen Enthemmung des Verhaltens. Demgegenüber treten Antriebsmangel und stereotypes Verhalten auf, wenn der Frontallappen eher gleichmäßig als Ganzes geschädigt ist.

3.5 Exkurs: Das menschliche Gedächtnis

Was wir als unseren Geist verstehen,

ist ein Ausdruck der Funktionsweise unseres Gehirns. Eric Kandel

Bei jedem Lernen kommt es zu neuen Verbindungen zwischen den Nervenzellen. Dieser Prozess verändert fortwährend den Aufbau des Gehirns und bildet die materielle Struktur unseres Gedächtnisses. Lernen als organischer Prozess ist die Bildung neuer Synapsen – also die Bildung von Stellen, an denen Nervenzellen mit anderen Nervenzellen verbunden sind.

Ohne die verbindende Kraft des Gedächtnisses gäbe es keinen Zusammenhang der **Lebenserfahrungen**. Die täglichen Erfahrungen würden ohne inhaltliche Verbindung zueinander in so viele einzelne Ereignisse zerfallen, wie es Momente des Lebens gibt. Ohne die Verknüpfung der Lebenserfahrungen gäbe es keine persönliche Geschichte und keine individuelle Identität. Die Strukturen der Nervenzellen des Gehirns bewahren das Wissen und die Lebenserfahrungen vor dem Vergessen. Sie machen den Menschen zu dem, was er ist.

Durch Lernen und Erfahren entstehen im Gedächtnis **innere Abbildungen und Vorstellungen** von der äußeren Welt. Sie ermöglichen es, die Welt zu erkennen und sind Grundlage der Orientierung. Damit Menschen ihren Alltag eigenständig gestalten können, müssen sie auch eine Vorstellung von sich selbst haben sowie die Regeln des sozialen Zusammenlebens in ihrem Gedächtnis speichern. Die inneren Bilder bestimmen zum einen, wie sie ihr Verhalten und ihre Lebenserfahrungen verstehen, und zum anderen, wie die Welt um sie herum funktioniert.

Das Gehirn ist aber nicht nur das Organ, um die Welt zu erkennen. Es bewertet jede Wahrnehmung auch mit einem **Gefühl**. Die mit der Wahrnehmung erlebten Gefühle sagen jemandem, was die Dinge oder Personen für sie bedeuten, wie wichtig oder unwichtig sie für sie sind.

Menschen müssen sich in ihrem Lebensumfeld orientieren. Um **Orientierung** zu finden, müssen sie die Ereignisse und Erfahrungen des Lebens verstehen und in einen Zusammenhang bringen. Orientierung ist das Ergebnis lebenslangen Lernens. Für das neugeborene Kind ist die Welt ein Rätsel. Es erfährt erst in einem über Jahre sich erstreckenden Lernprozess die Bedeutungen, die es sein soziales und materielles Lebensumfeld verstehen lassen.

Das Wissen über die Beschaffenheit der Welt ist die Grundlage eigenständigen **Verhaltens und Handelns**. Gleichzeitig verändert menschliches Handeln die Beschaffenheit der Welt und das direkte Lebensumfeld fortwährend. Diesem Wandel müssen sich Menschen durch Lernen immer wieder neu anpassen. Lebenslanges Lernen gewährt selbstständiges Handeln und ermöglicht Menschen, eine stetige und verlässliche Beziehung zu ihrem Lebensumfeld aufrechtzuerhalten. Dadurch erleben sie Vertrautheit und Geborgenheit. Individuelles Verhalten und die Bedingungen des Lebensumfeldes passen sich also permanent aneinander an.

Sehr vieles von dem, was im Gehirn und Gedächtnis abläuft, ist uns direkt **nicht bewusst**. Wir kennen nur das Ergebnis. Wenn wir z.B. das Autofahren erlernen, dann müssen wir uns anfangs bewusst anstrengen, das Auto zu bedienen. Aber mit ein bisschen Übung fahren wir es bereits nach einiger Zeit ohne die bewusste Aufmerksamkeit. Das Kupplungspedal treten, schalten, den Blinker setzen, alles ist zur Routine verfestigt, die wir automatisch ausführen. Für viele Handlungen des Alltags gilt das in gleicher Weise.

3.5.1 Aufbau und Funktion des Gedächtnisses

Zum besseren Verständnis seines Aufbaus und der in ihm ablaufenden Prozesse wird das Gedächtnis in unterschiedliche Speicher unterteilt. Ein Kriterium dabei ist, wie lange einzelne Speicher Informationen festhalten. Ein weiteres Kriterium setzt bei den Informationen bzw. Erinnerungen an, die in unterschiedlichen Gedächtnisbereichen gespeichert werden.

Es lassen sich Ultrakurzzeit-, Kurzzeit- und Langzeitgedächtnis voneinander unterscheiden.

Formen des Gedächtnis

Für eine dauerhafte Speicherung im Gedächtnis sind vor allem die Nervenzellen des Temporallappens und Frontalhirns von Bedeutung. In diesen Regionen findet der Übergang vom Kurzzeitgedächtnis in das Langzeitgedächtnis statt. Darüber hinaus müssen die innerhalb des Gehirns verlaufenden Leitungsbahnen funktionsfähig sein. Sie ermöglichen, dass neu zu speichernde Informationen an ihre jeweiligen Speicherorte in der Großhirnrinde gelangen. Sind die Leitungsbahnen durch eine organische Krankheit geschädigt, bleiben manche für das Langzeitgedächtnis bestimmte Inhalte nicht dauerhaft im Gedächtnis, weil sie nicht bis an ihren Speicherort vordringen.

Das Langzeitgedächtnis wird nach seinen Inhalten unterteilt in:

- das autobiografische Gedächtnis oder auch episodisches Gedächtnis
- das Wissensgedächtnis oder auch semantisches Gedächtnis
- das Handlungsgedächtnis oder auch prozedurales Gedächtnis

Das **autobiografische Gedächtnis** – die Chronik des Lebens

- „Ich weiß noch, wann ich das erste Mal Fahrrad gefahren bin."
- „Ich habe meine Frau im April 1947 geheiratet."

Das autobiografische Gedächtnis bewahrt die Erinnerungen und Erfahrungen des persönlichen Lebens vor dem Vergessen. Es ist zeitlich geordnet. Wir können uns nicht nur an die einzelnen Ereignisse des Lebens erinnern, sondern auch daran, wann sie stattgefunden haben. Durch seine Erinnerungen wird es möglich, in die erlebten Situationen der Vergangenheit zurückzukehren. Hierbei rufen die Erinnerungen auch die Gefühle wach, die wir zur damaligen Zeit erlebt haben.

Das **Wissensgedächtnis** – ein Lexikon des Wissens

- „Ich weiß, was ein Fahrrad ist."
- „Die Hauptstadt von Ägypten ist Kairo."
- „Man bohrt nicht mit dem Finger in der Nase."

Das Wissensgedächtnis enthält die Fakten unseres Weltwissens, z.B. das Schul- und Allgemeinwissen. In ihm sind die Bedeutungen der Sprache und Schrift sowie auch das Aussehen und die Funktion der alltäglichen Gebrauchsgegenstände gespeichert. Die Normen und Werte des sozialen Verhaltens sind ebenfalls Teil dieses Gedächtnisses. Das Wissensgedächtnis ist in Hierarchien und nach Konzepten gegliedert. Hierarchisch übergeordnete Konzepte (z.B. Obst) zeichnen sich durch allgemeine Merkmale aus, während hierarchisch untergeordnete Begriffe (z.B. Banane) spezifische Merkmale aufweisen. Ein intaktes Wissensgedächtnis ist für uns notwendig, damit erkennen wir die Bedeutungen unseres Lebensumfeldes und finden uns in der Welt zurecht.

Die Inhalte des Wissensgedächtnisses und des biografischen Gedächtnisses können wir bewusst erinnern und anderen Personen mitteilen. Erinnern heißt zum einen, Wissen bewusst aus dem Lexikon abzurufen und zum anderen, wahrgenommene Dinge automatisch wiederzuerkennen, ohne dass das Bewusstsein daran beteiligt ist.

Auf die Frage, was eine Banane ist, müssen wir zunächst das Lexikon des Gedächtnisses durchsuchen, um das Wissen über Bananen zu finden. Haben wir das Wissen in unserem Arbeitsgedächtnis, dann können wir die Frage beantworten und die spezifischen Merkmale einer Banane beschreiben. Es bedarf also einer bewussten Anstrengung, die Merkmale einer Banane gezielt aus dem Gedächtnis abzurufen.

Demgegenüber erkennen wir sofort eine Banane, wenn sie uns gezeigt wird. Das erfolgt ohne bewusstes Nachdenken durch Wiedererkennen. Wiedererkennen geht schneller und leichter. Es erfolgt in allen Situationen des Alltags und ist die Grundlage der allgemeinen Orientierung.

Das **Handlungsgedächtnis** – „Gebrauchsanweisungen“ und die Alltagsrituale

- „Ich kann Fahrrad fahren, Schuhe zubinden, Zähne putzen, Kleider anziehen, schwimmen …“

Im Handlungsgedächtnis haben wir die erlernten und automatisierten Handlungsabläufe gespeichert. Immer wenn wir alltägliche Aktivitäten und Anforderungen bewältigen, greifen wir auf die Inhalte dieses Gedächtnisses zurück. Die im Laufe des Lebens verinnerlichten Handlungsroutinen müssen nicht mehr bewusst erinnert und gesteuert werden. Während des Händewaschens muss nicht darüber nachgedacht werden, was im Einzelnen zu tun ist.

Der Umgang mit Geschirr und Besteck ist ein Teil des Handlungsgedächtnisses.

3.5.2 Beeinträchtigungen des Gedächtnisses bei einer Demenz

Was wäre der Mensch ohne sein Gedächtnis? Er wäre verloren in einer Welt, die er nicht erkennt und nicht versteht.

Vergleicht man das Gedächtnis mit einem Buch, in das fortlaufend die Ereignisse des einzelnen Tages und des gesamten Lebens eingetragen werden, dann können Menschen mit intaktem Gedächtnis zurückblättern und in diesem Buch ihre Erinnerungen suchen. Das „Gedächtnisbuch" von Menschen mit Lernstörungen hingegen bekommt nach dem Auftreten der Störung immer mehr leere Seiten. An das, was sich vor wenigen Augenblicken in ihrem Leben zugetragen hat, haben sie dann keine Erinnerungen, dazu gibt es in ihrem Gedächtnisbuch keine Eintragungen. Sie wissen nicht, wie sie an den Ort gekommen sind, an dem sie sich befinden oder was in den letzten Tagen, Monaten und bisweilen Jahren stattgefunden hat. Ihre Lebenserfahrungen sind dort stehen geblieben, wo sie keine neuen Erfahrungen gelernt haben. Ab diesem Zeitpunkt gibt es für sie keine Erinnerungen mehr an das, was sich in ihrem Leben ereignet hat. Der Übergang vom Kurzzeit- zum Langzeitgedächtnis ist unterbrochen.

Die geringe Merkspanne von Menschen mit einer Demenz reicht gerade aus, um kurze Botschaften zu verstehen und einen unmittelbaren Augenblick der Gegenwart zu erleben. Längere Gespräche, umfangreiche Anleitungen und die Zusammenhänge der täglichen Ereignisse und Erfahrungen bleiben nicht lange genug im Gedächtnis, um verstanden zu werden.

Die Unfähigkeit, Neues zu lernen und zu behalten, darf nicht verwechselt werden mit dem, was allgemein unter Erinnerungsproblemen verstanden wird. Sich nicht erinnern können bedeutet, dass Ereignisse oder Fähigkeiten im Gedächtnis vorhanden sind, sie aber im Augenblick nicht gefunden und abgerufen werden können. Ich weiß, dass ich es weiß, komme aber im Moment nicht darauf. Das Suchen nach vorhandenen Erinnerungen im Gedächtnis kann unterstützt werden. Zeitnehmen, Beruhigen, mit einer anderen Person gemeinsam überlegen erleichtern oft den Sprung aus den Tiefen des Gedächtnisses in das Bewusstsein. Dies gilt aber nur dann, wenn Erinnerungen wirklich im Gedächtnis sind. Bei Menschen mit einer Demenz sind aber aktuelle Ereignisse nicht in das Gedächtnis eingegangen und somit auch nicht zu finden.

Bei Menschen mit Lernstörungen braucht man sich also nicht weiter anstrengen, „vergessene" Erinnerungen an jüngste Ereignisse wachzurufen. Wo nichts im Gedächtnis ist, ist auch nichts zu finden. Wenn Personen über eine Merkspanne von ca. 60 Sekunden hinaus nichts im Gedächtnis behalten können, dann gibt es keine Erinnerung an das, was stattgefunden hat, wenn dieser Augenblick vorbei ist. Menschen mit Lernstörungen fühlen sich beschämt, gekränkt und häufig sind sie verärgert, wenn sie etwas erinnern oder wissen sollen, was nicht in ihrem Gedächtnis ist.

Neben den Lernstörungen kommt es nach und nach zu einem Verlust von Erinnerungen aus dem Langzeitgedächtnis. Der Verlust der Erinnerungen, die nach und nach aus dem Langzeitgedächtnis verloren gehen, folgt dem **Ribot'schen Gesetz**. Dies besagt, dass die zuletzt in das Gedächtnis aufgenommenen Erfahrungen als erste verloren gehen. Deshalb behalten Menschen mit einer Demenz Lebensereignisse, die weit zurückliegen, lange im Gedächtnis.

Die Inhalte der einzelnen Gedächtnisbereiche des Langzeitgedächtnisses werden in unterschiedlichen Regionen des Gehirns gespeichert. Somit können, abhängig von dem geschädigten Ort, unterschiedliche Einschränkungen auftreten. Es ist z.B. möglich, dass nur noch wenig von der Lebensgeschichte aus dem autobiografischen Gedächtnis erinnert wird, aber noch genug Wissen besteht, um Kreuzworträtsel zu lösen.

Ebenso kann es vorkommen, dass bei allen praktischen Verrichtungen des täglichen Lebens Hilfe benötigt wird, aber die autobiografischen Lebenserfahrungen nicht verloren gegangen sind.

Bei Menschen mit einer Demenz besteht die Fähigkeit, alltägliche Dinge einfach wiederzuerkennen oft länger als die Fähigkeit, das Wissen über die Dinge bewusst im Gedächtnis zu suchen und zu erinnern, welche Merkmale einen Gegenstand kennzeichnen. Die Frage, ob sie eine Tasse Kaffee möchten, können sie z.B. nicht beantworten, weil sie im Gedächtnis den Begriff „Kaffee" nicht finden. Wird ihnen hingegen eine Tasse Kaffee gezeigt, dann erkennen sie schnell, um was es geht.

Zusammenfassend zeigen sich bei Menschen mit einer Demenz drei gravierende Einschränkungen des Gedächtnisses:

- Es wird für sie schwieriger bis unmöglich, neue Lebensereignisse und neues Wissen dauerhaft im Gedächtnis zu behalten.
- Sie müssen sich mehr anstrengen und fremde Hilfe in Anspruch nehmen, um das erlernte Wissen, praktische Können und die autobiografischen Lebenserfahrungen aus dem Gedächtnis abzurufen.
- Sie verlieren die im Gedächtnis gespeicherten Inhalte mehr und mehr oder können diese nicht mehr erinnern.

Infolge der Einschränkungen des Gedächtnisses stehen dem Denken und Urteilen immer weniger neue Lebenserfahrungen, Begriffe und Orientierungen zur Verfügung. Im Verlauf einer Demenz entfernt sich das Denken und Urteilen des Betroffenen mehr und mehr von dem rationalen Denken und Handeln der begleitenden Personen.

4 Erfahrungs- und Handlungsmöglichkeiten

4.1 Leben im Augenblick (anterograde Amnesie)

Wenn bei Menschen mit einer Demenz die für das Lernen notwendigen Hirnregionen und Nervenzellverbindungen geschädigt sind, dann können sie neues Wissen, die täglichen Ereignisse und Erfahrungen nicht mehr im Gedächtnis speichern. Das Lernen ist dann gehemmt.

Bei der Entwicklung einer Demenz verliert sich die Fähigkeit zu lernen in der Regel langsam. Ist diese Fähigkeit zu Beginn einer Demenz nur teilweise gestört, bleiben von den täglichen Erfahrungen noch Bruchstücke im Gedächtnis. Was das Gedächtnis dann aufnimmt, ist abhängig von der emotionalen Bedeutung der Informationen und Erfahrungen. Ereignisse und Erfahrungen, die mit starken Gefühlen verbunden sind und im Zentrum der Aufmerksamkeit liegen, können dann durchaus noch aufgenommen und im Gedächtnis gespeichert werden. Hingegen Ereignisse und Informationen, die unwichtig erscheinen, werden dann nicht mehr ins Gedächtnis aufgenommen.

Sind die Schädigungen des Gehirns so umfangreich, dass es nicht mehr gelingt, neues Wissen und neue Lebenserfahrungen im Langzeitgedächtnis zu speichern, können Informationen immer noch für Sekunden bis maximal wenige Minuten im Kurzzeitgedächtnis festgehalten werden. Bei Menschen, die dauerhaft nichts mehr im Gedächtnis speichern können, kann im Alltag eine Merkspanne von nicht mehr als 60 Sekunden angenommen werden, oft sind es sogar weniger.

4.1.1 Die zeitliche Orientierung zerfällt

Die zusammenhängenden Ereignisse und Erfahrungen, die im Verlauf des Tages erlebt werden, bilden den Fluss der Zeit. Hat sich an einem Tag viel ereignet, dann stellt sich das Erleben ein, dass viel Zeit verstrichen ist. Das Erleben von Zeit entsteht durch die einzelnen, aber zusammenhängenden Ereignisse und Erfahrungen eines Tages.

Menschen mit Lernstörungen behalten die einzelnen Ereignisse des Tages nicht mehr im Gedächtnis. Um sich zeitlich zu orientieren, können sie sich nicht auf die Ereignisse beziehen, die stattgefunden haben. Ihnen ist das Erleben von Zeit und zeitlicher Dauer verloren gegangen. Bei Menschen mit einer Demenz, die neue Erfahrungen nicht im Gedächtnis behalten, bildet sich keine Chronik der laufenden Ereignisse ab. Der Fluss der Zeit ist für sie aufgehoben, ist zum Stillstand gekommen. Sie erleben nur noch den unmittelbaren Moment. Menschen mit einer Demenz, die ihre Lernfähigkeit ganz verloren haben, leben ausschließlich im gegenwärtigen Augenblick, in einer ausgedehnten Gegenwart, unbegrenzt von Vergangenheit und Zukunft.

Eine Frage, die sich alle fünf Minuten wiederholen kann

Die gewohnte Erfahrung von Zeit, die Trennung zwischen den Erinnerungen aus der Vergangenheit und dem Erleben der unmittelbaren Gegenwart, ist aufgehoben. Erinnerungen des vergangenen Lebens und Erfahrungen des gegenwärtigen Augenblicks fließen ineinander und vermischen sich. Für Menschen mit einer Demenz werden die Erfahrungen des Hier und Jetzt und die vergangenen Episoden des Lebens zu einem unentwirrbaren Ganzen. Da sie nicht mehr Vergangenheit und Gegenwart trennen können, hat das Erleben der Erinnerungen die gleiche Realität wie die gegenwärtigen Erfahrungen. Menschen mit einer Demenz können sich also in einem Moment in Rollen der Vergangenheit befinden – sie wollen zur Arbeit oder suchen ihre Kinder – und im nächsten Moment lassen sie sich in gegenwärtige Beschäftigungsangebote oder hauswirtschaftliche Tätigkeiten einbeziehen.

4.1.2 Orientierung an neuen Orten stellt sich nicht ein

Beispiel Herr V. läuft den ganzen Tag im Wohnbereich umher und geht dabei in alle Zimmer.

Frau B. läuft unruhig, besorgt und verstört umher und spricht alle Personen an: „Wo bin ich hier?“

Frau F. spricht immer wieder die begleitenden Personen an: „Bitte bringen Sie mich in meine Wohnung.“

In einer neuen Umgebung entwickeln Menschen mit Lernstörungen keine innere Karte oder einen Ortsplan. Sie erkunden neugierig die Umgebung, um sich einen Überblick zu verschaffen. An einem für sie neuen Ort sind sie oft rastlos damit beschäftigt alle Räume aufzusuchen. Fortwährend suchen sie nach ihrem Zimmer oder dem eigenen Bett. Beständiges Suchen und Erkunden führen aber nicht dazu, dass sich eine bleibende Orientierung einstellt. Bei ihrem beständigen Suchen und Umherirren verlaufen sie sich, stören mit ihrem „Umherwandern“ und ihrer „Unruhe“ andere Personen und können bisweilen in gefährliche Situationen geraten. Dieses Verhalten ist für Menschen mit einer Demenz eine logische Konsequenz aus ihrer Orientierungslosigkeit. Schließlich müssen sie ihre Umgebung erkunden, denn man muss ja wissen, wo man ist.

Wechseln Menschen mit Lernstörungen an einen für sie neuen Ort, werden sie dort keine räumliche und örtliche Orientierung finden. Ohne diese Orientierung sind sie aber verunsichert, hilflos und fühlen sich bedroht. Sie sind verwirrt und verstört darüber, an einem Ort zu sein, den sie nicht kennen und der ihnen immer fremd bleiben wird.

Beispiel Frau W. will nicht in der eigenen Wohnung bleiben: „Ich will nach Hause, das ist nicht mein Zuhause.“

Herr G. lebt schon lange im Altenheim und erkennt plötzlich in seinem Zimmer die eigenen Möbel nicht mehr.

Das Wissen um den Wohnort, an dem zuletzt gelebt wurde, verliert sich als Erstes aus dem Gedächtnis, sodass der vertraute Wohnort immer fremder wird. Häufig entsteht dann der Wunsch, diesen zu verlassen. Die Person möchte dann „nach Hause" gehen – an den Ort, wo sie in früheren Zeiten ihres Lebens gelebt hat.

4.2 Aus der Wahrnehmung entsteht kein Erkennen (Agnosie)

Grundlage für das Erkennen der Umgebung ist die ständige Verarbeitung der Sinneswahrnehmungen durch das Gedächtnis [→Kap. 3.5]. Sinneseindrücke, die fortwährend das Gehirn aus dem Lebensumfeld erreichen, erhalten erst ihre Bedeutung, wenn sie mit dem im Gedächtnis gespeicherten Wissen verglichen und dann erkannt werden. Gehörte Geräusche zum Beispiel werden als Wörter wahrgenommen, wenn das Wissensgedächtnis bekannte Muster erkennt. Wer die Sprache nicht kennt, in der er angesprochen wird, der hört nur ein Geräusch, in dem er nichts Bekanntes entdeckt. Oder in den Bildern, die das Gehirn von der Netzhaut des Auges erreichen, werden nur die Dinge bewusst wahrgenommen, von denen die Bedeutungen im Gedächtnis vorhanden sind.

Ein Bügeleisen zum Beispiel wird nur dann erkannt, wenn über seine Form und Funktion Wissen im Gedächtnis ist. Für eine Person, die kein Bügeleisen kennt, bleibt es ein bedeutungsloser Gegenstand. Das Erkennen der Umgebung ist eine notwendige Voraussetzung für das Erleben von Sicherheit und Orientierung. Die Sinnesorgane und das Gehirn befinden sich ständig in einer unbewussten stillen Beziehung und Kommunikation mit dem Lebensumfeld. Das Gehirn nimmt laufend Informationen aus der Umgebung auf, die mit Hilfe des Wissensgedächtnisses erkannt werden. So kommen Menschen zu Orientierung in ihrem Lebensumfeld.

Innerhalb eines lebenslangen Lernprozesses entwickelt sich diese **Mensch-Umwelt-Beziehung** immer weiter. Neue und sich wandelnde Bedeutungen eines sich verändernden Lebensumfeldes müssen fortlaufend in das Gedächtnis aufgenommen werden.

Nur wer ständig dazulernt, ist aktuell orientiert. Menschen, deren stille Beziehung und Kommunikation mit ihrem Lebensumfeld gestört oder verloren ist, verhalten sich verwirrt, sind verstört und desorientiert und fühlen sich bedroht. Ihr Gedächtnis hat die Fähigkeit verloren, Informationen aus der Umgebung so zu verarbeiten, dass sie erkannt werden. Für sie wird die Umgebung immer bedeutungsloser und nichtssagender.

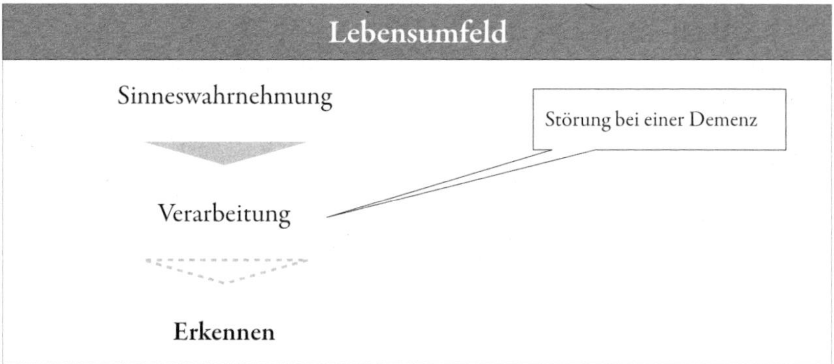

Verliert die Umgebung mehr und mehr an Bedeutung, bleiben Gebrauchsgegenstände ungenutzt oder werden „falsch" verwendet:

Beispiel Frau O. dreht den angereichten Löffel in der Hand herum.

Frau B. kämmt sich mit der Zahnbürste die Haare.

Zu jedem Gebrauchsgegenstand sind nicht nur Form und Farbe im Gedächtnis gespeichert, sondern auch das Wissen über seine Funktion und Verwendung. Menschen mit einer Demenz verlieren diese Zusammenhänge. Mit einer Zahnbürste werden dann zum Beispiel die Haare gekämmt. Das heißt, dass die Bürste zwar erkannt, aber nicht „passend" verwendet wurde. Menschen mit einer Demenz benutzen alltägliche Dinge also häufig nicht zu ihrem eigentlichen Zweck. Es kommt zu vielen Verwechslungen und Fehlhandlungen, die die begleitenden Personen überraschen und häufig verunsichern.

4.2.1 Orientierung zur Situation kommt nicht zu Stande

Beispiel Frau S. erkennt die Toilette nicht: „Was soll ich denn hier?“

Frau L. sitzt untätig am Mittagstisch.

Menschen mit einer Demenz erkennen oft nicht mehr die Merkmale, durch die alltägliche Situationen gekennzeichnet sind. Sie bleiben ihnen verschlossen, und das zu der Situation passende Verhalten kann dann auch nicht mehr aus dem Gedächtnis abgerufen werden. Mahlzeiten werden nicht angerührt, weil vertraute Merkmale, die auf die Situation hinweisen, nicht erkannt werden. Die moderne Toilette bleibt unbekannt, sodass für das „Geschäft“ ein anderes „stilles Örtchen“ gesucht wird. Am Waschbecken kommt das Händewaschen nicht zu Stande, weil der Einhebelmischer fremd ist.

4.2.2 Sicherheit und Geborgenheit gehen verloren

Die Beziehung zum Lebensumfeld geht mit fortschreitenden Einschränkungen und Verlusten immer mehr verloren, ein verstehendes Erkennen entsteht nicht mehr. Die Zahnbürste wird nun nicht einmal mehr als Bürste erkannt. Sie wird zu einem bloßen Gegenstand, mit dem gespielt wird. Nahrungsmittel werden zu Material, das interessiert erkundet und in alle möglichen Formen geknetet wird.

Der gewohnte Kontakt, also die Sicherheit vermittelnde stille Beziehung zur Welt ist vollständig zerbrochen. Die Umgebung wird nicht mehr als vertraut erlebt, in der man sich zurechtfindet und geborgen fühlt. Das räumlich-materielle Lebensumfeld und die Normalität des Alltags liefern keine Orientierung mehr. Die unverstandene Welt wird fremd und bedrohlich. Um bei Menschen mit einer Demenz das Erkennen der Umgebung zu unterstützen, sollten das Lebensumfeld und die Gegenstände des täglichen Gebrauchs leicht wiedererkennbar sein [→Kap. 11.1]. Menschen mit einer Demenz erkennen noch lange die Umgebung und Alltagsgegenstände, wie sie ihren Erfahrungen der mittleren und frühen Lebensjahre entsprechen.

4.3 Einschränkungen und Verluste des autobiografischen Gedächtnisses (retrograde Amnesie)

Im Verlauf der Erkrankung wird das Gehirn oft so geschädigt, dass autobiografische Lebenserfahrungen nur noch zum Teil erinnert werden. Sowohl die Erinnerungen an das eigene Leben als auch deren zeitliche Ordnung können verloren gehen. Menschen mit einer Demenz wissen dann nicht mehr, was sie im Leben gemacht haben und in welcher Abfolge sich dies ereignet hat.

Verlieren sich die autobiografischen Erinnerungen aus dem Gedächtnis, folgt der Verlust dem Ribot'schen Gesetz [→Kap. 3.5.2]. Neues geht vor Altem verloren. Vergleicht man das biografische Gedächtnis mit einem großen Regal, in dem für jedes abgeschossene Jahr ein Jahrbuch voller Erinnerungen steht, dann gehen die Jahrbücher, die zuletzt ins Regal gestellten wurden, als erste verloren.

In der folgenden Grafik ist der Verlust der Lebenserinnerungen bei fortschreitender Demenz schematisch dargestellt:

Verlust der Lebenserinnerungen bei fortschreitender Demenz

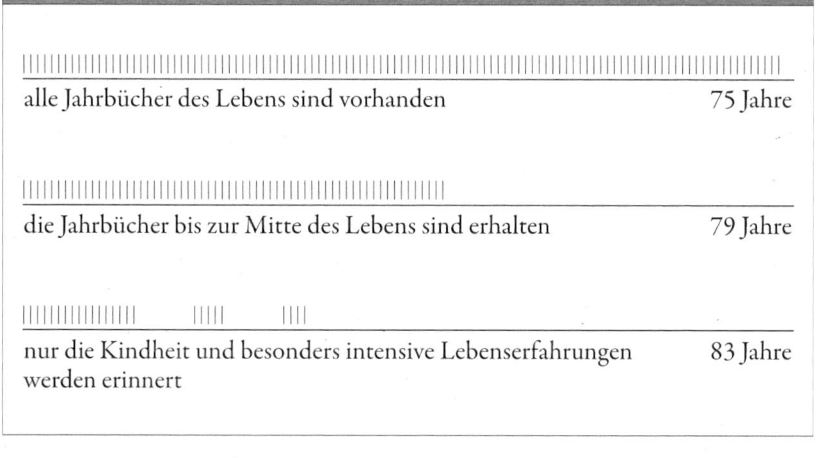

Fehlen die Erinnerungen an die letzten Lebensjahre oder Lebensjahrzehnte, dann halten sich Personen für wesentlich jünger als sie es eigentlich sind. Sie sind dann die Person, die sie damals waren. Man steht dann z.B. einer 83-jährigen Frau gegenüber, die sich als attraktive und selbstständige Mitvierzigerin erlebt und mit allen Männern flirtet. Oder eine andere Person sorgt sich, dass sie nicht rechtzeitig in die Schule kommt [→Kap. 7.2].

4.3.1 Die Identität zerbricht

Verblassen die Erinnerungen an die Erfahrungen und Ereignisse des Lebens immer mehr, bekommt das Erleben der eigenen Identität Risse und verliert sich. Menschen, deren autobiografisches Gedächtnis langsam zerfällt, erinnern sich oft nicht mehr an ihre beruflichen Tätigkeiten, ihre sozialen Rollen und an die Menschen, mit denen sie zusammengelebt haben [→Kap. 3.5.2]. Die wenigen verbliebenen Lebenserinnerungen geben ihnen keinen ausreichenden inneren Halt mehr. Das verlässliche Wissen darüber, wer sie sind und früher waren, geht verloren. Durch das Zerbrechen der individuellen Identität verlieren sich innere Sicherheiten und Orientierungen. Der Mensch, so wie er einmal gewesen ist, verschwindet immer mehr – mit seinen Fähigkeiten, Talenten und Charaktereigenschaften, mit seinem Innenleben, das sich von dem nährt, was er in seinem Leben erfährt und erfahren hat. Die Biografie zerfällt in einzelne zusammenhanglose Episoden. Der stabilisierende innere Zusammenhalt der Persönlichkeit schwindet. Diese Entwicklung wird von Menschen mit einer Demenz bewusst erlebt. Sie leben mit der Angst vor einer umfassenden Vernichtung ihrer Persönlichkeit.

Eine Aufgabe der Begleitung und Pflege ist es, das Erleben der individuellen Identität von Menschen mit einer Demenz so lange wie möglich zu unterstützen. Dabei geht es darum, die verbliebenen Lebenserinnerungen, die eigenständig nur mit Schwierigkeiten wachgerufen werden können, ins Bewusstsein zu holen. Eine Biografie zu erstellen und diese in die täglichen Begegnungen einzubinden, hilft Menschen mit einer Demenz, zu ihren verbliebenen Erinnerungen zurückzufinden [→Kap. 10.1].

Die begleitenden Personen können durch biografisches Wissen wiederholt autobiografische Erinnerungen ansprechen. Das gemeinsame Ansehen von persönlich bedeutsamen Erinnerungsstücken oder alten Fotografien hilft zum Beispiel, Erinnerungen an das gelebte Leben wachzurufen. Die Rückbesinnung auf das, was eine Person erlebt, erfahren und was sie geschaffen oder geleistet hat, fördert ihr positives Selbsterleben und Wohlbefinden.

4.3.2 Die Orientierung zur eigenen Person und zu fremden Personen geht verloren

Beispiel Frau A. und eine begleitende Person stehen im Badezimmer vor dem Spiegel: „Schauen Sie mal Frau A., erkennen Sie die Person im Spiegel?“ – „Haben Sie heute Ihre Mutter mitgebracht?“

Menschen mit einer Demenz erkennen sich nicht mehr im Spiegel oder auf Fotografien, die aus der jüngsten Vergangenheit stammen. Das Bild der älter gewordenen eigenen Person haben sie nicht im Gedächtnis. Ihr eigenes Bild im Spiegel halten sie für eine fremde Person, mit der sie sich oft freundlich unterhalten. Menschen mit einer Demenz kennen oft nur noch ihr Aussehen aus früheren Lebensjahren. Auf Bildern, die aus weit zurückliegenden Zeiten stammen, können sie sich lange wiedererkennen.

Die Lebenserinnerungen können sich so weit verlieren, dass Angehörige, Ehe- bzw. Lebenspartner und eigene Kinder nicht mehr erkannt werden.

Beispiel „Wo ist eigentlich mein Mann?“ – „Frau N., hier sitzt er doch neben Ihnen auf dem Sofa.“ – „Das ist nicht mein Mann, mein Mann ist doch kein alter Sack, der ist jung und knackig!“

Menschen mit einer Demenz befinden sich gedanklich in den Episoden und Rollen ihres vergangenen Lebens, erleben ihre Gefühle aber in der Gegenwart. Sie benötigen Personen, die bereit sind, ihnen in ihre Welt und Wirklichkeit zu folgen. Sie sind angewiesen auf Menschen, die ihre Erfahrungen, Gefühle und Empfindungen anerkennen und wertschätzen und die ihnen durch Trost und Beistand Erleichterung verschaffen.

4.4. Das eigenständige praktische Handeln gelingt nicht mehr (Apraxie)

4.4.1 Abnehmende praktische Fähigkeiten

Beispiel Herr L. kann sich nicht mehr selbstständig die Hände waschen. Er kann sich aber noch aktiv beteiligen, wenn er angeleitet wird und die begleitende Person die Handlungen übernimmt, die er selbst nicht mehr machen kann.

Frau R. zieht sich selbst an, wenn ihr die einzelnen Kleidungsstücke in der richtigen Reihenfolge angereicht werden.

Frau Z. isst allein weiter, wenn die ersten Bewegungen mit ihr zusammen ausgeführt werden.

Menschen mit einer Demenz verlieren allmählich ihre Fähigkeiten zur selbstständigen Versorgung und zur eigenständigen Lebensführung. Sie können sich nicht mehr auf ihr Gedächtnis verlassen und ihre praktischen Kompetenzen bei alltäglichen Verrichtungen reichen oft nicht mehr aus. Schon bei kleinen Anforderungen drohen sie zu scheitern und zu versagen. Dies hat zur Folge, dass sie häufig nicht mehr genug essen und trinken. Sie vernachlässigen ihre Körperpflege oder kleiden sich unvollständig bzw. nicht der Witterung entsprechend. Sie nehmen ihre Medikamente unregelmäßig oder nicht sachgerecht ein. Werden die körperliche Versorgung oder die medizinische Behandlung nicht mehr sichergestellt, dann nimmt ihre Verwirrtheit und Verstörtheit zu und ihr psychisches und körperliches Wohlbefinden ab [→Kap. 9].

Menschen mit einer Demenz erinnern sich immer weniger an die zu einer alltäglichen Verrichtung passende Handlung. Sie stehen vor dem Waschbecken und wissen nicht, was sie tun sollen. Das Brot auf ihrem Teller bleibt unberührt, weil sie sich nicht mehr daran erinnern, wie sie es essen sollen. Trotzdem ihre motorischen und sensorischen Fähigkeiten weiterhin intakt sind, können sie alltägliche Verrichtungen immer weniger zielgerichtet planen, vorbereiten und ausführen. Sie wissen nicht mehr, was sie als Erstes und was sie als Letztes tun sollen.

Zusätzlich zu den sich verlierenden praktischen Fähigkeiten haben Menschen mit einer Demenz das Problem, dass sie durch ihre Merkstörungen die eigenen Handlungsabsichten vergessen. Sie verlieren den roten Faden. Aus diesem Grund werden Handlungen abgebrochen und nicht weiter ausgeführt oder die Abfolge einzelner Handlungsschritte gerät durcheinander. Zum Beispiel werden Brot, Butter und Aufschnitt einzeln gegessen oder Kleider werden nicht in der richtigen Reihenfolge angezogen.

Wenn Personen mit einer Demenz im Handlungsvollzug vergessen, dass sie sich anziehen wollten, dann ziehen sie sich wieder aus. Oder verliert eine Person während der Körperwaschung den roten Faden, dann beginnt sie plötzlich mit dem Waschlappen das Waschbecken zu putzen. So schwer es für Menschen mit einer Demenz ist, eine Tätigkeit zu beginnen und aufrechtzuerhalten, so schwer ist es für sie auch, eine begonnene Handlung wieder zu beenden. Wischt eine Person mit einer Demenz gerade einen Tisch ab, dann kann sie diese Tätigkeit oft erst einstellen, wenn sie von außen abgelenkt wird.

Menschen mit einer Demenz können die Ergebnisse ihrer Handlungen nicht mehr überprüfen. Das heißt, wer im Gedächtnis keine Vorstellung von korrekter Kleidung hat, der kann sein Handeln auch nicht verändern und schätzt Fehlhandlungen nicht als solche ein. Frauen tragen dann ihren BH über der Bluse oder ziehen mehrere Kleider übereinander an. Am Anfang einer Demenz gehen nicht alle komplexen Fähigkeiten verloren. Von den ehemals perfekt gekonnten Tätigkeiten und alltäglichen Handlungsroutinen bleiben einzelne Teilfähigkeiten oft lange erhalten.

Menschen mir einer Demenz können also noch lange einzelne Teilschritte innerhalb eines größeren Handlungszusammenhangs ausführen, müssen dabei aber angeleitet und unterstützt werden. Am Beispiel des Händewaschens soll dies verdeutlicht werden:

Handlungsablauf	**verbliebene Fähigkeiten**	**Hilfe und Unterstützung**
Wasserhahn aufdrehen		Wasserhahn aufdrehen
Seife in die Hand nehmen		Seife in die Hand geben
Seife verreiben	Seife verreiben	
Seife zurücklegen		Seife aus der Hand nehmen und zurücklegen
Hände aneinanderreiben	Hände aneinanderreiben	
Schmutz und Seife abspülen	Schmutz und Seife abspülen	
Wasserhahn zudrehen		Wasserhahn zudrehen
Handtuch nehmen		Handtuch nehmen und in die Hand legen
Hände abtrocknen	Hände abtrocknen	
Handtuch zurückhängen	Handtuch zurückhängen	zeigen, wo das Handtuch aufgehängt werden kann

Nimmt der Schweregrad der Demenz zu, dann verliert der Betroffene unwiederbringlich viele Fähigkeiten und Fertigkeiten. Er kann sich dann immer weniger an den alltäglichen Verrichtungen beteiligen und sein Verhalten vereinfacht sich zunehmend.

Im Verlauf des Lebens lernen wir unsere praktischen Fähigkeiten immer besser zu entwickeln. Durch Lernen und Erfahrung wird unser Handeln stetig komplexer und perfekter. Neu erworbene Kompetenzen überlagern dann schlichtere Fähigkeiten und liegen wie Schichten übereinander.

So nehmen wir zum Beispiel am Anfang unseres Lebens Nahrung über den angeborenen Saugreflex auf. Dann essen wir Brei, der uns angereicht wird und später feste Nahrung. Mit zunehmender Hirnreifung greifen wir Nahrung mit den Fingern. Und aus dieser Fähigkeit entwickeln wir später differenzierte Fertigkeiten des Essens.

„Schichten" der Kompetenzen zur Einnahme des Essens

mit Messer und Gabel

mit Löffel oder Gabel

mit den Fingern

zugereichte feste Nahrung wird gekaut

flüssige Nahrung wird eingesaugt

Menschen mit einer Demenz verlieren nach und nach ihre erlernten komplexen Verhaltensweisen. Die oben liegenden sehr differenzierten Kompetenzen werden nacheinander abgetragen. Menschen mit einer Demenz verhalten sich damit einfacher entsprechend dem Muster kindlicher Fähigkeiten. Haben sie komplexe Kulturtechniken verloren, dann bleibt ihnen nur noch, mit den Fingern zu essen [→Kap. 9.4].

Beispiel Frau C. sitzt vor ihrem Essen und schaut den hin- und herlaufenden Personen nach, ohne mit dem Essen zu beginnen.

Herr H. ist beim Frühstück durch die Ausgabe der Medikamente unterbrochen worden. Jetzt sitzt er untätig da.

Frau M. hustet das Essen wieder aus.

Frau P. stößt beim Gehen an Türkanten und Tischecken.

Frau S. sucht auf dem Tisch nach ihrem Glas.

Herr A. versucht, über die „Stufe“ auf dem Boden zu steigen.

4.4.2 Aufmerksamkeit und Konzentration

Aufmerksamkeit und Konzentration sind eine aktive Leistung des Gehirns, für die spezielle Nervenzellverbände sorgen. Wird das Gehirn durch eine Erkrankung so geschädigt, dass sich daraus eine Demenz entwickelt, dann machen sich schon in einem sehr frühen Stadium Störungen der Aufmerksamkeit und Konzentration bemerkbar. Die Fähigkeit, seine Aufmerksamkeit gezielt auf eine Sache zu richten und sich bei Tätigkeiten zu konzentrieren, ist bei Menschen mit einer Demenz stark eingeschränkt. Tun sie etwas, dann sind sie schnell erschöpft und abgelenkt. Deshalb sind zu viele Reize oder Ereignisse in ihrem unmittelbaren Umfeld schädlich. Sind sie zum Beispiel einmal vom Essen abgelenkt, dann finden sie häufig nicht mehr dorthin zurück.

Mangelhafte Aufmerksamkeit verstärkt Desorientierung, Unruhe und Verstörung. Das heißt: Menschen mit einer Demenz können aus der Reizvielfalt ihres Lebensumfeldes nicht mehr gezielt Ereignisse wahrnehmen oder ausblenden. Ebenso sind sie nicht mehr in der Lage, gezielt Informationen auszuwählen, um ihre Umgebung zu identifizieren. Ohne diese Fähigkeit wird für sie alles gleich wichtig oder gleich unbedeutend.

Menschen mit einer Demenz verstehen nicht, was ihnen gesagt wird, wenn es ihnen an Aufmerksamkeit und Konzentration mangelt. Außerdem erkennen sie die begleitenden Personen und die ihnen angebotene Hilfe nicht mehr. Sie sind nicht zur aktuellen Situation orientiert, wenn ihre Aufmerksamkeit auf Ereignisse und Erinnerungen ihrer Vergangenheit gerichtet ist. Sie müssen dann erst von den begleitenden Personen in die Gegenwart zurückgeholt werden.

Nimmt man als begleitende Person zu Menschen mit einer Demenz Kontakt auf, dann sollte man zunächst ihre Aufmerksamkeit wachrufen [→Kap. 7.4]. Sie sollten stets beaufsichtigt und angeleitet werden, damit sie immer wieder zu den Tätigkeiten zurückfinden, von denen sie abgelenkt wurden. Um ihre Aufmerksamkeit nicht zu stören, dürfen sie bei dem, was sie tun, nicht unterbrochen werden. Ihr Lebensumfeld sollte so gestaltet sein, dass sie vor ablenkenden Reizen geschützt sind.

4.4.3 Motorische Steuerung

Menschen mit einer Demenz verlieren nach und nach ihre motorischen Fähigkeiten, wenn die entsprechenden Bereiche ihres Gehirns, die Bewegungen steuern und koordinieren, geschädigt sind. Bei der Alzheimer-Krankheit kommt es stets zu einer solchen Entwicklung. Zunächst machen sich Einschränkungen bei der Feinmotorik bemerkbar. Gegenstände und andere Personen werden fester angefasst. Der „Pinzettengriff" geht verloren, das heißt die Fähigkeit einen Gegenstand, z.B. eine Tasse, eine Scheibe Wurst oder einen kleinen Löffel mit Daumen und Zeigefinger anfassen und halten zu können. Auch Tassen und Besteck werden mit der ganzen Hand umfasst. Betroffene können Gebrauchsgegenstände nur dann greifen und halten, wenn sie durch entsprechende Maßnahmen darin unterstützt werden. Tassen können sie nur dann benutzen, wenn sie diese mit der ganzen Hand anfassen können. Oder die Griffe vom Besteck müssen so groß sein, dass sie sicheren Halt bieten.

Menschen mit einer Demenz können Bewegungsabläufe immer weniger gut steuern. Ihr Gang wird schlurfend, ihre Schritte kleiner, ihr Oberkörper beugt sich nach vorn.

Den Körper aufrechtzuhalten wird für sie schwieriger und beim Sitzen sacken sie zur Seite. Ohne Stütze können sie nicht mehr auf einem Stuhl oder in einem Sessel sitzen. Ähnlich wie bei den anderen Einschränkungen sind Menschen mit einer Demenz auch im Hinblick auf ihre Bewegungsfähigkeit nicht einsichtig. Sie haben kein Bewusstsein für ihren Verlust. Selbst bei sehr begrenzter Beweglichkeit wollen diejenigen, die an der Alzheimer-Krankheit leiden, weiter laufen und sich aufrichten. Der Übergang vom eigenständigen Gehen zum völligen Verlust der Motorik ist langsam und fließend. Durch ausreichende Laufmöglichkeiten kann die Gehfähigkeit lange gefördert werden.

Demgegenüber führt erzwungene Ruhe, z.B. durch Medikamente oder Mangel an Bewegungsmöglichkeit, zum Verlust der oft letzten verbliebenen Kompetenz. Letztlich aber wird das eigenständige Gehen trotz Förderung immer problematischer und mündet früher oder später in die dauerhafte Bettlägerigkeit. Auch Kauen, Schlucken und Sprechen wird für Menschen mit einer Demenz schwieriger, weil die Muskulatur immer weniger koordinierende Signale vom Gehirn erhält. Es gelingt ihnen nicht mehr, Worte flüssig auszusprechen.

Es wird für sie immer problematischer, Nahrung zu zerkleinern und zu schlucken [→Kap. 9.4]. Dadurch drohen Speisen oder Getränke in die Luftröhre zu geraten. Menschen mit einer Demenz verschlucken sich deshalb häufig und husten Nahrung oder Getränke wieder aus. Sie sind einem hohen Risiko ausgesetzt, an einer Lungenentzündung (Aspirationspneumonie) zu erkranken.

Nahrung, die weich gekocht, und Flüssigkeit, die angedickt wird, können Menschen mit einer Demenz leichter aufnehmen. Die Ernährung über eine Sonde kann damit hinausgezögert werden. Solange sich auch der Schluckreflex durch Saugen auslösen lässt, können Flüssigkeiten mit einem Trinkhalm oder einer Saugflasche gereicht werden. Werden Speisen und Getränke allerdings nicht mehr ausreichend aufgenommen, dann muss beraten und entschieden werden, ob bei der betroffenen Person eine Ernährungssonde gelegt werden soll.

4.4.4 Verarbeitung der visuellen Wahrnehmung

Schädigungen des Gehirns können dazu führen, dass die Sinnesreize, die das Auge dem Gehirn liefert, nicht mehr richtig verarbeitet werden. Dies führt dazu, dass Menschen mit einer Demenz oftmals ein unvollständiges oder falsches Bild von ihrer Umgebung haben. Sie sehen in Farbkontrasten auf dem Boden eine Schwelle und versuchen darüberzusteigen. Um Schatten wird herumgegangen, weil sie als Hindernisse wahrgenommen werden. Ein aufgehängter Bademantel wird zu einer Person. Die Spiegelung in der Glasscheibe wird zu einem Bären im Baum. Oder das Glas auf dem Tisch wird an einer Stelle ertastet, wo es nicht steht, weil das Gehirn die Distanz zum eigenen Körper nicht mehr richtig einschätzen kann.

Menschen mit einer Demenz können ihre Körperbewegungen oftmals nicht mehr mit der visuellen Wahrnehmung koordinieren. Sie stoßen sich an Hindernissen oder sind unsicher beim Gehen. Begegnen sie auf engem Raum anderen Personen, dann gelingt es ihnen nicht immer auszuweichen und beide geraten aneinander.

Personen mit einer Demenz essen vom Teller ihres Gegenübers, weil sie den eigenen, dicht vor ihnen stehenden Teller nicht wahrnehmen. Oder sie wollen die aufgedruckten Blumen von der Tischdecke abheben. Ist der Kontrast des Geschirrs zur Tischoberfläche nicht ausreichend scharf, dann nehmen sie es nicht wahr. Weißes Geschirr auf einem weißen Tischtuch können Menschen mit einer Demenz kaum erkennen. Das Gleiche gilt für ein weißes Stück Seife auf einem weißen Waschbecken.

Die visuelle Wahrnehmung von Menschen mit einer Demenz kann durch eine helle, indirekte und schattenfreie Beleuchtung unterstützt werden. Sie fördert die Wahrnehmung der Umgebung. Bodenbeläge sollten eine einheitliche Farbe haben, also keine Muster. Um Spiegelungen zu vermeiden, sollten an den Fenstern Gardinen hängen. Wände in Innenräumen sollten nicht verglast sein. Deutliche Farbkontraste lassen Gegenstände und die Umgebung besser erkennen [→Kap.11.1].

4.5 Denken und Urteilen werden unzulänglich

Menschen mit einer Demenz leben in ihrer eigenen Wirklichkeit [→Kap. 7.2]. Sie sehen die täglichen Ereignisse ausschließlich aus ihrer Perspektive. Die Ansichten anderer Personen können sie nicht verstehen. Auch wenn die täglichen Ereignisse von anderen anders gedeutet werden und die Person mit einer Demenz „objektiv" falsch liegt, wird sie auf ihrem Recht bestehen. Denn sich gedanklich in die Sichtweisen anderer Personen hineinzuversetzen, gelingt ihnen nicht mehr. Aus ihrer „Wirklichkeit" ziehen sie die nur für sie gültigen Schlüsse. Ihre Wahrheit müssen sie gegenüber anderen Menschen als die allein richtige behaupten. Sie haben eine egozentrische Weltsicht.

Wenn es Menschen mit einer Demenz nicht mehr gelingt, die Perspektive anderer Menschen zu übernehmen, dann können sie auch ihre eigene Lebenssituation nicht verstehen. Sie haben keine Einsicht in die Notwendigkeit von Hilfe, von medizinischer Behandlung oder von Diätvorschriften. Entscheidungen auf der Ebene gedanklicher Vorstellungen können sie nicht treffen. Ihr Handeln bleibt unvollkommen, weil sie nicht mehr beurteilen können, was sie eigentlich „falsch" gemacht haben.

4.5.1 Die Eingrenzung des Verhaltens gelingt nicht mehr

Beispiel Frau Boll zieht sich immer wieder in der Wohnküche aus.

Frau Sosa nimmt während des Essens immer ihre Prothese aus dem Mund.

Frau Doll schimpft bei der körperlichen Versorgung: „Du altes Trampel, lass mich endlich in Ruhe!"

Herr Knoll macht häufig sexuell anzügliche Bemerkungen. Bei der körperlichen Versorgung fasst er hin und wieder einer begleitenden Person an die Brust.

Menschen mit einer Demenz können die Fähigkeiten verlieren, das eigene Verhalten zu steuern und zu begrenzen. Ihre Lebensäußerungen entsprechen dann nicht mehr den Werten und Normen des gewohnten sozialen Zusammenlebens. Handlungsimpulse oder unterdrückte Begierden finden keine durch den Verstand gesetzten Grenzen. Sie werden ohne Hemmungen ausgelebt. Die Hemmschwellen des Verhaltens fallen also mit dem Verlust des „vernünftigen" Denkens.

Zum Teil kann dies dazu führen, dass Gefühle und Empfindungen frei und offen gezeigt und ausgesprochen werden. Menschen, die in ihrem Leben Zuneigung wenig geäußert haben, verhalten sich jetzt wesentlich gefühlvoller und können die Zuwendungen anderer Personen leichter annehmen. Das Misstrauen oder die Distanz gegenüber anderen Personen verliert sich und Personen, die vorher reserviert waren, können sich jetzt an dem Kontakt zu anderen Menschen freuen.

Es zeigen sich aber auch Handlungsimpulse, die bisher durch den Verstand unterdrückt wurden, weil sie nicht sozial akzeptiert sind. Menschen mit einer Demenz verhalten sich dann ungehemmter, wenn bei ihnen die Regionen des Gehirns geschädigt sind, die für die Planung und Steuerung des Verhaltens verantwortlich sind.

Gelingt aber die Steuerung und Kontrolle des Verhaltens nicht mehr, dann können Menschen mit einer Demenz das gewohnte Bild von ihrer Person nicht mehr aufrechterhalten. Sie wirken dann auf andere verändert und sie verhalten sich in einer Weise, wie es ihre Angehörigen bisher nicht kannten.

Gefühle, die mit dem Erleben der täglichen Ereignisse und Erfahrungen verbunden sind, werden ohne Rücksichtnahme auf die Verletzlichkeit anderer Personen ausgedrückt. Innere Impulse und Begierden, die bisher durch den Verstand eingegrenzt oder unterdrückt wurden, werden jetzt sichtbar.

Können Menschen mit einer Demenz die Regeln und Normen des gewohnten sozialen Verhaltens und Benehmens nicht mehr einhalten, dann brauchen sie ein Lebensumfeld, das ihr verändertes unangepasstes Verhalten annimmt und toleriert. Menschen, die nicht mehr fähig sind, ihr Verhalten zu steuern und zu begrenzen, lassen sich nicht zu einem normalen Verhalten bringen. Versuche, „vernünftige“ Einsichten zu vermitteln, verlangen etwas von Menschen mit einer Demenz, was sie nicht mehr können. Ihnen sind die Fähigkeiten verloren gegangen, den Erwartungen anderer Personen zu entsprechen. Appelle oder erklärende Zurechtweisungen überfordern sie. Und oftmals wird ihre aggressive Stimmung durch solche Versuche erst hervorgerufen [→Kap. 12].

5 Leben mit einer Demenz

5.1 Erhalt des Erlebens von Gefühlen und Empfindungen

Menschen erfahren sich selbst, andere Personen und die äußere Welt mit ihrem Verstand und ihren Gefühlen und Empfindungen.

Der Verstand ermöglicht es, die Zusammenhänge in der Welt zu erkennen, das Verhalten anderer Personen zu **analysieren**, sich zu orientieren, Vernunft und Einsicht zu entwickeln und die eigene Existenz zu verstehen.

Gefühle und Empfindungen **bewerten** die Erfahrungen und Wahrnehmungen nach der Bedeutung, die sie für den einzelnen Menschen haben. Sie können bei ein und derselben Sache bei verschiedenen Personen sehr unterschiedlich ausfallen.

Fähigkeiten, die Welt, andere Personen und sich selbst zu erfahren:

- durch den Verstand
  - Wissen über die Welt erwerben
  - die kulturellen und sozialen Bedeutungen der Welt verstehen und somit Orientierung finden
  - Ereignisse und Erfahrungen des eigenen Lebens ordnen
  - sprachlich kommunizieren und mit anderen Menschen verständigen
  - Einsicht gewinnen
  - Nachdenken und Urteile treffen
  - praktische Kompetenzen erwerben
- durch Gefühle und Empfindungen
  - die eigenen Lebenserfahrungen bewerten
  - Sicherheit, Vertrauen und Geborgenheit in der Beziehung zu anderen Menschen erfahren
  - Sinnesreize und Körpererfahrungen spüren
  - den eigenen Körper und dessen Grenzen erleben
  - die eigene Existenz spüren

Die Bewertung der täglichen Erfahrungen sowie anderer Personen erfolgt immer unmittelbar und kann nicht unterdrückt werden. Gefühle und Empfindungen stellen sich sofort und automatisch ein. Sie liefern die erste Orientierung, die Menschen benötigen, um die täglichen Ereignisse und andere Menschen einzuschätzen. Denn der rationale Verstand ist für eine erste Orientierung viel zu langsam.

Gefühle können das bewusste Erleben so besetzen, dass sie das Handeln vollständig beherrschen. Zu einem „Nachdenken" kommt es dabei nicht. Bei Höhenangst wird die bewusste Erfahrung auf einem Aussichtsturm oder einer Brücke nur von den Gefühlen des davon Betroffenen beherrscht. Rationales Denken über Sicherheit und Stabilität der Bauwerke hilft in einem solchen Fall nicht weiter.

Menschen mit einer Demenz verlieren zwar immer mehr ihre rationalen Fähigkeiten, deshalb werden sie aber nicht unempfindlich und gefühllos. Wie sie sich selbst erleben und wie sie sich in der Beziehung zu anderen Menschen verhalten, wird wesentlich durch ihre Gefühle bestimmt. Auf ihre tagtäglichen Erfahrungen reagieren sie mit den gleichen vielfältigen Gefühlen und Empfindungen, wie alle anderen Menschen auch. Was sie hingegen von anderen unterscheidet, ist, dass sie die Situationen auf Grund ihrer Einschränkungen oft anders wahrnehmen und deuten.

Bei fortgeschrittener Demenz ist der Verstand nicht mehr ausreichend vorhanden, um den Betroffenen Einsicht zu vermitteln und Orientierung zu geben. Die begleitenden Personen können dann nicht mehr den Verstand ansprechen, Sicherheit und Geborgenheit können dann nur noch über das Gefühl vermittelt werden [→Kap. 5.7].

5.2 Verunsicherung, Bedrohung und Verstörung

Eine Demenz ist nicht plötzlich da, sie entsteht in der Regel über einen langen Zeitraum. Menschen, bei denen sich eine Demenz einstellt, erleben zu Anfang sehr bewusst und differenziert, dass sie immer öfter im Alltag scheitern. Sie sind die Ersten, die ihre Gedächtnisprobleme und ihre nachlassenden Fähigkeiten bemerken. Erst wenn ihre Kompetenzen in vielen Lebensbereichen deutlich von dem gewohnten Verhalten abweichen, fällt anderen Personen auf, dass etwas mit ihnen nicht stimmt.

Menschen mit einer Demenz sind beunruhigt, weil sie die Zusammenhänge ihres Alltags nicht mehr verstehen. Sie erkennen ihre Umgebung nicht mehr ausreichend, sie haben Sinnestäuschungen und Trugbilder, die sie verängstigen. Diesen Erfahrungen sind sie oft schutzlos ausgeliefert.

Die Veränderungen des gewohnten Lebens, die Auflösung der vertrauten Sicherheiten und Orientierungen führen zu einer ständigen psychischen Anspannung. Durch den drohenden Verlust sozialer und materieller Sicherheiten leben Menschen mit einer Demenz fortwährend mit dem Gefühl der existenziellen Vernichtung. Sie sind bedroht und gestresst durch die Überforderungen, denen sie täglich ausgesetzt sind sowie durch die Angst, ihre sozialen Rollen und Beziehungen zu verlieren. Durch den schleichenden Zerfall der persönlichen Existenz und die Auflösung der individuellen Identität entstehen Verunsicherung und Angst.

Erleben Menschen mit einer Demenz ihre Umgebung fremd und unbekannt, dann werden sie unruhig und verwirrt, weil ihnen Vertrautheit und Geborgenheit fehlen. Bei der körperlichen Versorgung sind sie durch Bloßstellungen oft beschämt und verstört. Wenn ihnen die Sprache genommen ist, dann können sie intime Annäherungen, die sie nicht wollen, nicht verstehen oder als bedrohlich erleben, nur noch körperlich aggressiv abwehren [→Kap. 12].

Hilflosigkeit, innere Spannungen und die erlebte eigene Unfähigkeit können zu einem plötzlichen aggressiven Auflehnen gegen das eigene Schicksal führen. Der Betroffene wütet dann gegen die eigene Person und gegen andere Menschen.

5.3 Verlust sozialer Rollen und gewohnter Beziehungen

Menschen mit einer Demenz können sich anderen Personen oft nicht mehr ausreichend sprachlich mitteilen. Ihnen fehlen die Worte, um ausdrücken zu können, was sie bewegt. Dadurch verändern sich die gewohnten Beziehungen zu anderen Personen.

Sie versuchen mit großer Anstrengung, ihre Individualität, Identität und Eigenständigkeit zu bewahren und gegenüber anderen Personen zu verteidigen. Sie ringen um die Achtung anderer Personen, die sie nicht verlieren möchten. Menschen mit einer Demenz bemühen sich, das gewohnte Bild von sich selbst und ihrer Persönlichkeit aufrechtzuhalten. Sie kämpfen um die Fortführung ihrer sozialen Rollen und Positionen.

5.4 Bedrohung der Selbstachtung und des Selbstvertrauens

Menschen mit einer Demenz schämen sich für ihre Abhängigkeit. Sie erleben sich als unnütz und wertlos, weil sie den eigenen Ansprüchen und den Erwartungen anderer Personen nicht mehr entsprechen können. Da sie immer wieder an der eigenständigen Bewältigung des Lebens scheitern, verlieren sie ihre Selbstachtung und ihr Selbstvertrauen.

Hilfe oder Unterstützung verletzt und kränkt Menschen mit einer Demenz, wenn dabei ihre Gefühle und Empfindungen nicht anerkannt werden. Wird das Verhalten von Menschen mit einer Demenz korrigiert, dann sind sie verärgert und empört. Versuche, sie zur Einsicht zu bringen, überfordern und beunruhigen sie. Wird ihnen Respekt und Achtung versagt, dann fühlen sie sich zurückgewiesen und verletzt [→Kap. 7.1].

Menschen mit einer Demenz erleben durch die beständigen Erfahrungen des Scheiterns in der Bewältigung des Alltags eine Kränkung ihres Selbstvertrauens und ihrer Selbstachtung.

Die eingeschränkten oder verlorenen Alltagskompetenzen verhindern, dass sie ihr bisheriges Leben eigenständig weiterführen können. Die Fähigkeiten zur Selbstsorge werden nach und nach abgelöst von der Fürsorge durch andere Personen. Das erzeugt in ihnen große Befürchtungen und Ängste.

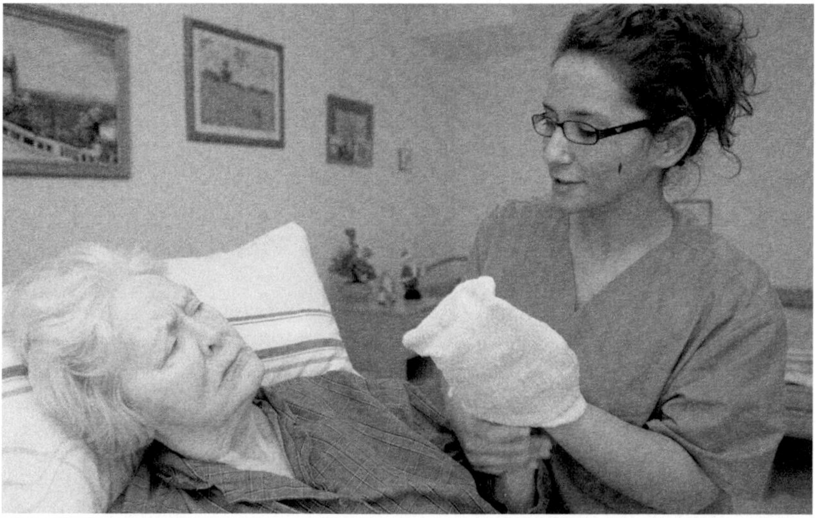

Eine Pflegende führt die Hand beim Waschen.

Um die Selbstachtung von Menschen mit einer Demenz zu bewahren, sollten deshalb verbliebene Erfahrungs- und Handlungsmöglichkeiten gefördert und unterstützt werden [→Kap. 9]. Sie sollten in die Tätigkeiten ihrer Versorgung entsprechend ihrer Fähigkeiten einbezogen werden, auch wenn diese nur noch minimal vorhanden sind. Werden sie demgegenüber in die ihnen gewährte Hilfe und Unterstützung nicht eingebunden, dann sind sie beschämt, fühlen sich bevormundet und sind verärgert. Menschen mit einer Demenz sollten sich als gleichwertige Beteiligte erleben dürfen – als Beteiligte, die zwar Hilfe und Unterstützung benötigen, deren menschliche Existenz und Würde dabei aber geachtet und wertgeschätzt werden.

Haben die täglichen Erfahrungen für Menschen mit einer Demenz ihren inneren Zusammenhang vollständig verloren, dann gerät das Vergessen in Vergessenheit. Die psychischen Belastungen, die am Anfang einer Demenz von den Betroffenen besonders eindrücklich erlebt wurden, verringern sich nun und sind nicht mehr permanent spürbar. Sie leiden von diesem Zeitpunkt an nicht mehr so sehr unter den Folgen ihrer Einschränkungen und Behinderungen. Psychische Anspannungen und die Erfahrungen von fortdauerndem Stress lassen nach. Gefühle der Verwirrung, Wut und Enttäuschung verringern sich. Was bleibt, ist die Verunsicherung und das Gespür dafür, dass etwas mit dem eigenen Leben nicht stimmt.

5.5 Versuche der Bewältigung

Menschen mit einer Demenz bemühen sich so lang wie möglich darum, vor sich selbst und vor anderen Menschen als intakte Person anerkannt zu bleiben. Sie verleugnen und bagatellisieren ihre Unzulänglichkeiten und Fehler. Das eigene Versagen und Scheitern schreiben sie dem Verhalten anderer zu, die sie beschuldigen und verdächtigen.

In den alltäglichen Situationen sind Menschen mit einer Demenz darum bemüht, ihr inneres Gleichgewicht immer wieder neu auszubalancieren. Mit ihrem Verhalten und ihren Reaktionen gegenüber anderen Personen versuchen sie, die Bedrohungen ihres gewohnten Selbsterlebens abzuwenden oder erträglich zu machen. Dieser selbst geschaffene Schutz darf ihnen nicht genommen werden.

Menschen mit einer Demenz verteidigen ihre Überzeugungen und Schlussfolgerungen und versuchen plausible Erklärungen dafür zu finden, warum etwas schiefgegangen ist. Ihre körperliche Unruhe, ihr getriebenes Umherlaufen und rastloses Wandern ist ein Ausdruck ihrer inneren Anspannung und der Unzufriedenheit mit ihrer Lebenssituation. Sie wollen nach Hause oder versuchen wegzulaufen, wenn sie nicht vertraut sind mit dem Ort oder den sie begleitenden Personen.

5.6 Reaktionen auf das Leben mit einer Demenz

Wie Menschen auf die existenzielle Krise einer Demenz reagieren, ist abhängig von ihrer individuellen Lebensgeschichte. Wir alle kennen Situationen, in denen wir überfordert sind oder etwas vergessen haben. Wir suchen Dinge, die wir verlegt haben oder nach Worten und Namen in unserem Gedächtnis. Wir verlaufen uns oder scheitern bei Problemlösungen. In solchen Situationen ärgern wir uns. Wir sind enttäuscht, wütend, verzweifelt, hilflos, ungeduldig, resigniert oder aggressiv. So zu reagieren ist menschlich, was auch mit einer Demenz beibehalten wird.

Verhalten und Erleben von Menschen mit einer Demenz:

- Erschrecken, Verstimmung und Depression
- Enttäuschung und Trauer
- Hilflosigkeit, Hoffnungslosigkeit
- Ratlosigkeit, Verunsicherung, Verzweiflung
- Scham und Entblößung
- Beschämung, Bedrohung und Ängste
- Stimmungsschwankungen, Reizbarkeit und innere Anspannungen
- Unruhe, Wandern
- Misstrauen gegenüber anderen Menschen
- Rückzug aus sozialen Beziehungen und von Tätigkeiten und Aufgaben
- Aggression, Wut und Verärgerung über das eigene Lebensschicksal und bei Überforderung und Misslingen der Alltagsbewältigung
- große Anstrengung, um die Individualität, Identität und Eigenständigkeit zu bewahren
- Ablehnung, Zurückweisung und Aggressivität bei angebotener Hilfe
- Suche nach Nähe, Zuwendung
- Suche nach Halt, Sicherheit und Geborgenheit in der Begleitung durch andere Personen
- Verleugnung und Bagatellisierung und Aufrechterhaltung einer Fassade

5.7 Gefühle werden Wegweiser der Orientierung

Die Fähigkeit, sich das Handeln anderer Personen mit dem Verstand zu erklären, nimmt mit fortschreitender Demenz immer mehr ab. Menschen mit einer Demenz wissen oft nicht, was um sie herum passiert oder was von ihnen erwartet wird. Somit werden ihnen ihre Gefühle zu Wegweisern der Orientierung. Das Handeln der begleitenden Personen, die Atmosphäre des Zusammenlebens sowie die Gestaltung des Wohnumfeldes bewerten Menschen mit einer Demenz nach den von ihnen erlebten Gefühlen und Empfindungen. Menschen mit einer Demenz spüren die Haltung und die Stimmungen anderer Personen und die Art und Weise, wie diese ihnen begegnen. Sie spüren, ob sie in einer Beziehung Anerkennung und Wertschätzung erfahren oder ob ihnen mit Unverständnis und Zurückweisung begegnet wird.

Die erlebten positiven oder negativen Gefühle bestimmen, wie sich Menschen mit einer Demenz zu den begleitenden Personen verhalten und ob sie bereit sind, bei der Versorgung zu kooperieren. Erst ein Gefühl des Vertrauens macht es ihnen möglich, sich der Hilfe und Unterstützung der begleitenden Personen anzuvertrauen [→Kap. 7].

Körperkontakt vermittelt positive Gefühle.

6 Einflüsse auf das Verhalten und Erleben

Eine Begleitung und Pflege, die sich ausschließlich an den Symptomen des Krankheitsbildes orientiert, nimmt den Menschen nur mit seinen kranken und eingeschränkten Anteilen wahr. Dadurch besteht die Gefahr, dass die Identität, die individuelle Lebensgeschichte und die subjektiven Erfahrungen einer betroffenen Person nicht wahrgenommen werden. Bei dieser reduzierten Betrachtung ist nicht der Mensch Bezugspunkt, sondern die Symptome seiner Erkrankung. Seine gesunden Anteile werden dann nicht wahrgenommen, der Sinn vieler seiner Lebensäußerungen nicht erkannt und verstanden. Krankheit wird nicht aus dem individuellen Erleben und dem Befinden des Betroffenen heraus gedeutet, sondern als sozialer „Problem- und Störfall" verstanden. Die Orientierung an einem Krankheitsbild, also einem medizinischen Befund verführt dazu, alle Lebensäußerungen oder Erlebenszustände eines Menschen durch eine „pathologische Brille" zu betrachten. Der Mensch mit seinen Erfahrungen, Gefühlen und Empfindungen verschwindet dann hinter seiner Diagnose.

Soll der Mensch nicht auf seine Erkrankung reduziert werden, dann ist ein ganzheitliches Verständnis seines Verhaltens und Erlebens notwendig. Ganzheitlich heißt, den Menschen als Einheit von Körper, Seele und Geist zu verstehen. Zur Ganzheitlichkeit gehört aber auch zu erkennen, dass die Lebensmöglichkeiten von Menschen immer abhängig sind von ihrem sozialen, räumlich-materiellen und organisatorischen Lebensumfeld. Nur wenn alle Faktoren einbezogen werden, die für die Lebenssituation von Menschen mit einer Demenz bestimmend sind, kann ein Verstehen des Verhaltens und Erlebens gelingen.

Die medizinisch-neuropsychologische Definition und Beschreibung einer Demenz ist eine notwendige Voraussetzung für die Diagnosestellung und Abgrenzung zu anderen Erkrankungen. Durch den Bezug auf die Gedächtnisstörungen und die organischen Ursachen einer Demenz erklärt sie, welche Einschränkungen und Behinderungen sich im Verlauf der Krankheit entwickeln können. Aber für eine angepasste Begleitung und Pflege reicht diese Definition allein nicht aus.

Nachfolgend werden die unterschiedlichen Faktoren benannt, die das Verhalten und Erleben von Menschen mit einer Demenz bestimmen, und die bei einer angemessenen Begleitung und Pflege berücksichtigt werden sollten.

Faktorenmodell

Physiologische Faktoren

- Art der Erkrankung
- Einschränkung des Gedächtnisses, Denkens und praktischen Handelns
- Gesundheit
- physiologische Bedürfnisse

(Art der Erkrankung; Einschränkung des Gedächtnisses, Denkens und praktischen Handelns: Demenz)

Psychische Faktoren

- Biografie / Lebenserfahrung
- Gefühle und Empfindungen
- Stress und Überforderung
- psychosoziale Bedürfnisse

(Physiologische und psychische Faktoren: Individuum)

Interaktion → **Verhalten und Erleben**

Soziale Faktoren

- Personen des sozialen Zusammenlebens
- Handeln der begleitenden und pflegenden Personen

Strukturelle Faktoren

- räumlich-materielle Umgebung
- Organisation und Kultur der Institution

(Soziale und strukturelle Faktoren: Lebensumfeld)

Verhalten und Erleben entwickeln sich aus dem dynamischen Prozess des Zusammenwirkens der körperlichen, geistigen und seelischen Eigenschaften, Fähigkeiten und Bedürfnisse des Menschen sowie seiner Interaktion mit seinem Lebensumfeld. Grundlegendes Verständnis für die Lebenssituation von Menschen mit einer Demenz kann nur entstehen, wenn die Wechselwirkungen und Abhängigkeiten der einzelnen bestimmenden Faktoren untereinander berücksichtigt werden.

6.1 Physiologische Faktoren

6.1.1 Demenz

Die Begleitung und Pflege kann die Ursachen der organischen Erkrankung des Gehirns und die hiermit verbundenen Einschränkungen der geistigen, praktischen und motorischen Fähigkeiten nicht beeinflussen. Zudem stellt das Krankheitsbild „Demenz" eine starke Vereinfachung dar. Auf Grund der unterschiedlichen Erkrankungen und der von Person zu Person sich unterschiedlich auswirkenden Schädigungen des Gehirns gibt es keine homogene Gruppe von Menschen mit einer Demenz.

Damit die begleitenden Personen sich an die verbliebenen Erfahrungs- und Handlungsmöglichkeiten eines Menschen mit einer Demenz anpassen können, müssen sie bei jeder Person ganz individuell wahrnehmen, welche Einschränkungen bei der Bewältigung des Alltags, bei dem Erkennen des Lebensumfeldes und der Erinnerung an die biografischen Lebenserfahrungen bestehen.

6.1.2 Gesundheit

Neben den Einschränkungen durch eine Erkrankung können viele andere Faktoren, die die Gesundheit beeinträchtigen, zu einer eingeschränkten Alltagsbewältigung führen. Werden z.B. Medikamente (Psychopharmaka u.a.) in großer Zahl eingenommen, kommt es häufig zu Wechselwirkungen, die sich auf die Funktionen des Gehirns und damit nicht selten auf das Verhalten und Erleben negativ auswirken.

Durch Beeinträchtigungen des Hörens und Sehens sind Menschen mit einer Demenz behindert, die Welt vollständig wahrzunehmen. Werden Sinnesreize nur reduziert aufgenommen, dann führt dies bei ihnen oft zu einem verzerrten Bild der Welt und in der Folge zu falschen Deutungen von Situationen. Dies verärgert, verunsichert oder verängstigt sie. Da sie sowieso schon Probleme haben, die Umgebung zu erkennen, ist bei ihnen eine Beeinträchtigung des Sehens oder Hörens eine zusätzliche Behinderung, die verändertes Verhalten und Erleben mit verursachen.

Menschen mit einer Demenz können oft nicht mitteilen, wenn Sie an Schmerzen leiden. Solche Schmerzzustände können sich in Unruhe und Aggressionen entladen. Demzufolge ist eine genaue Beobachtung des allgemeinen Gesundheitszustandes sehr wichtig. Denn schnell werden das Verhalten und Erleben beeinflussende Faktoren übersehen, die in einem anderen ursächlichen Zusammenhang stehen als die unmittelbare Krankheit.

6.1.3 Physiologische Bedürfnisse

Menschen mit einer Demenz sind nicht mehr fähig, ihre Selbstfürsorge eigenständig sicherzustellen. Wird die Versorgung mit Nahrung und Flüssigkeit nur unzureichend angeleitet oder übernommen, können sich schnell Mangelzustände einstellen.

Flüssigkeitsmangel kann in kurzer Zeit zu Verwirrtheit, Desorientierung, aber auch zu Halluzinationen und Wahnvorstellungen führen. Bei mangelnder Beobachtung werden möglicherweise die Symptome eines Delirs der Demenz zugeordnet [→Kap. 2].

Isst die Person mit einer Demenz zu wenig, dann tritt in der Regel eine allgemeine Schwächung des Organismus ein. Apathie und Gangunsicherheiten, die sich auch bei einer Demenz entwickeln können und ihr bei unzureichender Beobachtung auch angelastet werden, haben dann aber eine vermeidbare Ursache.

6.2 Psychische Faktoren

6.2.1 Biografie und Lebenserfahrungen

Biografie und Persönlichkeit eines Menschen haben sich über Jahrzehnte entwickelt und bestimmen auch bei einer Demenz das Verhalten entscheidend weiter. Viele Grundzüge und Eigenschaften des Charakters bleiben bei Menschen mit einer Demenz lange unverändert oder können sogar noch deutlicher hervortreten. Jede Person mit einer Demenz reagiert auf die von ihr erlebten Einschränkungen und Veränderungen auf ihre Weise. Sie entwickelt ihr individuelles Verhalten, um die veränderte Lebenssituation zu bewältigen. Hier zeigen sich oftmals die Verhaltensweisen, die bereits im bisherigen Leben zur Bewältigung von Lebenskrisen oder im alltäglichen Umgang bei Konflikten herangezogen wurden. Auch die sozial auffälligen oder das Handeln der begleitenden Personen besonders herausfordernden Verhaltensweisen müssen nicht allein durch die Einschränkungen der geistigen Fähigkeiten hervorgerufen sein, sondern können sich schon vorher im Leben der Betroffenen gezeigt haben.

Für die Begleitung und Pflege besteht eine Aufgabe darin, sich die Biografie von Menschen mit einer Demenz zu erschließen [→Kap. 10.1]. Es sollte berücksichtigt und von Angehörigen erfragt werden, wie sich die Person in ihrem bisherigen Leben und im sozialen Zusammenleben verhalten hat.

Um das Erleben von Anerkennung und Vertrautheit zu fördern, müssen die Lebenserfahrungen und Lebensgewohnheiten in die Begleitung und Pflege einbezogen werden. Führt man diese fort, dann wird das Wohlbefinden und Selbsterleben von Menschen mit einer Demenz gestärkt, was sich positiv auf ihr Verhalten auswirkt.

6.2.2 Gefühle und Empfindungen

Menschen mit einer Demenz erleben sehr bewusst, was ihnen zustößt und wie sie in ihrem Alltag scheitern und versagen. Durch das, was sie in ihrem Leben mit der Demenz erfahren, sind sie verstört und verunsichert. Sie erleben sich bedroht und haben vor ihrer existenziellen Vernichtung Angst. In der Begleitung durch andere Personen spüren sie, ob ihnen Achtung, Respekt und Wertschätzung entgegengebracht werden. So erfahren sie, ob es jemand gut mit ihnen meint oder nicht.

Menschen mit einer Demenz können ihren Gefühlen und Erlebnissen keine beschwichtigenden, abmildernden oder erklärenden Gedanken mehr entgegensetzen. Ihren Gefühlen und Empfindungen sind sie schutzlos ausgeliefert. Ein unangepasstes Handeln der begleitenden Personen beeinflusst die Gefühle und damit das Verhalten erheblich. Werden die sie belastenden Gefühle aufgefangen und einfühlend begleitet, wirken sie sich nicht negativ auf das Verhalten aus. Verstörung, Bedrohung und Ängste führen dann nicht zu unruhigem, abwehrendem und angespanntem Verhalten [→Kap. 5.1].

6.2.3 Stress und Überforderung

Menschen mit einer Demenz erleben in ihrem Alltag viele Überforderungen und belastende Erfahrungen. Dadurch erleben sie ein hohes Ausmaß an Stress. Stress, als hormonelle Reaktion des Organismus auf Überforderungen, kann zu einer Reduzierung bzw. Blockierung einzelner Funktionen des Gedächtnisses führen – eine Erfahrung, die alle Menschen aus Prüfungs- oder anderen sie überfordernden Situationen kennen. Menschen mit einer Demenz haben auf Grund der Schädigungen ihres Gehirns schon genug Probleme, ihr Wissen und ihre praktischen Fähigkeiten zu aktivieren. Sie können aber ihre noch vorhandenen Erfahrungs- und Handlungsmöglichkeiten noch schlechter einsetzen, wenn ihre verbliebenen Fähigkeiten durch Stress blockiert sind.

In einem Lebensumfeld, das nicht an ihre Erfahrungs- und Handlungsmöglichkeiten angepasst ist und in dem sie vielen Überforderungen und Belastungen ausgesetzt sind, können sie ihre noch vorhandenen Fähigkeiten nicht erinnern und einsetzen. Die Bedingungen des Lebensumfeldes also hindern sie daran, das zu nutzen, zu dem sie eigentlich noch in der Lage wären. In einem überfordernden Lebensumfeld überlagern sich die Einschränkungen der Demenz mit den Behinderungen, die durch das Stresserleben ausgelöst wurden. Menschen mit einer Demenz erscheinen dann verwirrter und hilfsbedürftiger, als sie das allein durch ihre Erkrankung sein müssten.

Für ehemals selbstständige Menschen zum Beispiel ist die Abhängigkeit von der Hilfe und Unterstützung anderer Personen sehr belastend. Ebenfalls führt ein fremdes, unbekanntes Lebensumfeld zu einem erhöhten Stresserleben.

Es kommt immer wieder vor, dass Menschen mit einer Demenz aus einem Umfeld, das sie überfordert und belastet, in eine Umgebung kommen, in der sie weniger Stress erleben – wie zum Beispiel von einer angespannten häuslichen Pflegesituation in eine Institution, die speziell auf die Lebenssituation von Menschen mit einer Demenz ausgerichtet ist. Bei dem Wechsel in eine „stressfreiere" Umgebung treten häufig wieder Fähigkeiten auf, die zuvor blockiert waren. Hier hat sich nicht die Demenz verbessert, sondern das Gedächtnis kann jetzt verbliebene Erfahrungs- und Handlungsmöglichkeiten wieder freigeben, die durch den Stress nicht wachgerufen werden konnten.

Umgekehrt kann ein Wechsel aus dem gewohnten häuslichen Wohnumfeld in die funktionale Umgebung eines Krankenhauses Stress hervorrufen. Waren die Betroffenen im häuslich vertrauten Umfeld noch selbstständiger, so sind sie im Krankenhaus plötzlich desorientierter und verwirrter und brauchen demzufolge mehr Hilfe.

Die Verschlechterung des Verhaltens bei einem Umgebungswechsel wird häufig mit einem „Schub" in der Entwicklung der Demenz erklärt. Die Mitarbeitenden des Krankenhauses, die nur diesen Zustand des Patienten kennen und die stressbedingten Einflüsse ignorieren, empfehlen dann oft eine Einweisung in ein Heim. Aber kehren Menschen mit einer Demenz in ihre vertraute häusliche Umgebung zurück, dann gehen die stressbedingten Behinderungen in der Regel zurück, und das alte Verhalten und Erleben stellt sich nach einiger Zeit wieder ein.

In diesen Beispielen zeigt sich, dass Veränderungen im Verhalten und Erleben in einem beträchtlichen Maß auf Stressfaktoren des Lebensumfeldes zurückgehen. Den Stress zu reduzieren und zu vermeiden verbessert zwar nicht die Demenz, es kann aber dazu beitragen, dass Menschen mit einer Demenz alle ihre verbliebenen Erfahrungs- und Handlungsmöglichkeiten einsetzen und nutzen können.

6.3 Psychosoziale Bedürfnisse

Menschen mit einer Demenz erleben sich oftmals nicht als eingeschränkt und behindert. Ohne Einsicht in ihre Erkrankung haben sie weiterhin die Vorstellung, uneingeschränkt ein eigenständiges Leben zu führen. Sie erwarten von anderen Personen, weiter so wahrgenommen und behandelt zu werden, wie sie sich selber sehen und verstehen nicht, wenn dies nicht geschieht.

Im Verlauf einer Demenz verschmelzen die Gegenwart und die Erinnerungen aus der Vergangenheit. Menschen mit einer Demenz leben dann zeitweise wieder in Rollen ihres vergangenen Lebens. Auch hier erwarten sie von den begleitenden Personen, dass sie so respektiert und wahrgenommen werden, wie sie sich selbst in diesem Augenblick erleben [→Kap. 7.2].

Geraten die Bedeutungen der Welt immer mehr in Vergessenheit, stellen sich Gefühle von Verunsicherung, Bedrohung und Angst ein. Menschen mit einer Demenz suchen dann die Nähe und Begleitung anderer Menschen, um hier Sicherheit und Geborgenheit zu finden.

Wird Menschen mit einer Demenz nicht so begegnet, wie sie sich selbst erleben und werden sie nicht als vollwertige Menschen anerkannt und wertgeschätzt, lehnen sie die angebotene Begleitung und Unterstützung oft ab. Ohne sicheren Halt durch andere Personen entstehen innere Anspannungen, die zu verstärkter Unruhe und zu offenen Aggressionen führen können.

6.4 Soziale Faktoren

6.4.1 Personen des sozialen Zusammenlebens

In den Einrichtungen der Altenhilfe entstehen immer wieder Konflikte zwischen orientierten Personen und Menschen mit einer Demenz. Es kommt zu Beschimpfungen, Zurechtweisungen und vielen Formen der persönlichen Kränkungen, bisweilen auch zu körperlichen Übergriffen.

Erfahrungen zeigen, dass eine Gemeinschaft von Menschen, die alle an einer Demenz leiden, ein verträglicheres Zusammenleben ermöglicht als eine Gemeinschaft von orientierten und desorientierten Personen. Denn beide Personengruppen haben unterschiedliche Bedürfnisse, die nur schwer bis gar nicht in einem gemeinsamen Lebensumfeld befriedigt werden können.

6.4.2 Handeln der begleitenden Personen

Erleben Menschen mit einer Demenz Hilfe, die ihre Einschränkungen berücksichtigt und sie wertschätzt und akzeptiert, dann können sie noch eine hohe Lebensqualität erfahren. Die psychosoziale Begleitung und körperliche Versorgung gelingt dann, wenn die begleitenden Personen ihr Handeln fortwährend dem Wandel und den vereinfachten Lebensmöglichkeiten von Menschen mit einer Demenz anpassen. Eine unterstützende Begleitung und Pflege kann Erfahrungen ermöglichen, die das Selbsterleben von Menschen mit einer Demenz fördern. Ist die tägliche Unterstützung in einem positiv erlebbaren Beziehungsprozess eingebettet, ermöglicht es Menschen mit einer Demenz sich den begleitenden Personen anzuvertrauen und mit ihnen zu kooperieren.

Eine Qualifizierung für die Begleitung und Pflege von Menschen mit einer Demenz ist unbedingt notwendig. Ohne Aufklärung zu deren veränderter Denk- und Handlungslogik verlassen sich die begleitenden Personen auf die ihnen vertrauten Deutungsmuster des normalen menschlichen Verhaltens. Bei Problemen oder Konflikten greifen sie dann auf ein Verhalten zurück, die ihnen aus ihrem Alltag vertraut ist. Ohne eine Aufklärung über die Ursachen der eingeschränkten Erfahrungs- und Handlungsmöglichkeiten sind die begleitenden Personen verunsichert, irritiert und ziehen falsche Schlüsse. Es werden dann Vermutungen über Ursachen angestellt – wie zum Beispiel eine Charaktereigenschaft, absichtsvolle Provokation oder Altersstarrsinn –, um sich das wahrgenommene Verhalten und Erleben zu erklären.

6.5 Strukturelle Faktoren

6.5.1 Räumlich-materielle Umgebung

Mit fortschreitender Demenz gelingt es immer weniger, die Umgebung zu erkennen. Das heißt, wenn Menschen mit einer Demenz die Gegenstände in ihrem Lebensumfeld nicht mehr mit ihren Erinnerungen verknüpfen können, wird es ihnen fremd und bedrohlich. Die Umgebung sollte deshalb Merkmale und Gegenstände aufweisen, die sie mit ihren Erinnerungen verbinden können, und die an ihre Erfahrungs- und Handlungsmöglichkeiten anknüpfen, z.B. alte Möbel. Demgegenüber führen eine unübersichtliche Architektur und ein Lebensumfeld, das nichts Vertrautes enthält, zu Desorientierung, Unruhe und inneren Spannungen.

Wohlbefinden und Geborgenheit stellen sich nicht ein in Institutionen, die eine funktionale Ausstrahlung haben, deren Räume mehr Aufenthalts- oder Warteräumen gleichen, oder die nur den Zweck signalisieren, dass hier die Mahlzeiten eingenommen werden können.

Ein an den Erfahrungs- und Handlungsmöglichkeiten von Menschen mit einer Demenz ausgerichtetes wohnliches Lebensumfeld fördert das Erleben von Orientierung, Vertrautheit und Geborgenheit: ein Erleben, das Verstörung, Verwirrtheit und unruhigem Herumlaufen vorbeugt [→Kap. 11.1].

6.5.2 Organisation und Kultur der Institution

Die Begleitung und Pflege wird geprägt vom Wandel der gesellschaftlichen Werte und Normen. Früher wurde die körperliche und medizinische Versorgung pflegebedürftiger Menschen in funktionalen Institutionen geleistet. Alle Lebensbezüge in derartigen Institutionen waren der Erbringung von Versorgungsleistungen und der Durchführung von Pflegemaßnahmen untergeordnet. Dieses System einer rein funktionalen Versorgung geriet zunehmend in die Kritik. Es wurde erkannt, dass in einem solchen System der Mensch in vielen Bereichen des Lebens seiner Selbstbestimmung beraubt ist – reduziert auf ein Objekt, an dem pflegerische Maßnahmen vollzogen werden.

Heute steht der Mensch mit seinen individuellen körperlichen, geistigen und seelischen Bedürfnissen im Mittelpunkt der Begleitung und Pflege. Eine solche Orientierung verlangt eine angemessene Kultur der Institutionen und der Begleitung und Pflege.

Ziel der Begleitung und Pflege sollte es sein, ein Lebensumfeld zu gestalten, das flexibel auf die sich stetig verändernden Erfahrungs- und Handlungsmöglichkeiten von Menschen mit einer Demenz reagiert, statt an starren Arbeitsabläufen festzuhalten, innerhalb derer abweichendes Verhalten nur als störend wahrgenommen wird.

Die Kultur und Organisation einer Institution muss zu den Lebensmöglichkeiten von Menschen mit einer Demenz passen. Eine wertschätzende Beziehungskultur als Grundlage der Begleitung und Pflege dient der Bewahrung der Würde und dem respektvollen Umgang mit dem individuellen Menschen.

Gemeinsame Mahlzeit in wohnlicher Umgebung

In ein solches Konzept der Begleitung und Pflege sind auch die Angehörigen einbezogen. Angehörige sind, wie die begleitenden Personen der Einrichtung auch, ein Teil des sozialen Lebensumfeldes. Nur wenn man mit ihnen kooperiert, ist es möglich, von den Lebenserfahrungen und Alltagsgewohnheiten der Betroffenen zu erfahren. Nur wenn alle Personen sich in gleicher Art und Weise gegenüber Menschen mit einer Demenz verhalten, können zusätzliche Verwirrung und Verstörung vermieden werden. Angehörige sollten deshalb möglichst über die Veränderung der Erfahrungs- und Handlungsmöglichkeiten und über Art und Verlauf der Erkrankung aufgeklärt werden [→Kap. 11.2].

6.6 Folgerungen für die Begleitung und Pflege

Menschen mit einer Demenz brauchen ein Lebensumfeld, in dem das soziale Leben und die Alltagsgestaltung im Mittelpunkt stehen. Ein Lebensumfeld, das einerseits so normal wie möglich ist, und das andererseits in der Lage ist, nicht mehr normales Verhalten und Erleben zu integrieren.

Der Verstehens- und Handlungsprozess bei der Begleitung und Pflege, die Informationssammlung zur Lebenssituation einer Person, der Personal- und Organisationsprozess einer Institution, aber auch die einzelne Fallarbeit sollten alle Dimensionen des o.g. Faktorenmodells berücksichtigen. Nur so wird es möglich sein, die einzelnen Einflüsse, die auf die Entwicklung des Verhaltens und Erlebens einwirken, zu erkennen und so zu gestalten, dass sie sich für Menschen mit einer Demenz positiv auswirken.

Aus einer ganzheitlichen Wahrnehmung des Verhaltens und Erlebens von Menschen mit einer Demenz ergeben sich somit die folgenden Aufgaben:

- Verstehen der Lebenssituation und der Erfahrungs- und Handlungsmöglichkeiten
- Gestaltung eines an die Fähigkeiten, Einschränkungen und Verluste angepassten sozialen, räumlich-materiellen und organisatorischen Lebensumfelds

- Förderung des positiven Selbsterlebens und Wohlbefindens sowie des Erlebens von Geborgenheit, Sicherheit, Vertrautheit und Orientierung:
  - innerhalb einer zugewandten, wertschätzenden, mitmenschlichen Beziehung
  - durch eine vertraute, gewohnte und wohnliche Umgebung
  - in einem Freiraum des Gewährens und der Toleranz
- gesicherte konfliktfreie Versorgung durch Kooperation und Einwilligung:
  - indem die vorhandenen Fähigkeiten gefördert, angeleitet und unterstützt werden und das Nichtkönnen und die Defizite achtsam ausgeglichen werden
  - durch das Erleben einer Begleitung und Beziehung, in der die Bereitschaft entsteht, sich ohne Verstehen und Einsicht den Personen anzuvertrauen, denen man Vertrauen schenkt

Menschen mit einer Demenz müssen in vielen Bereichen des Lebens begleitet, unterstützt und gefördert werden. Hierbei müssen sich die einzelnen Formen der Hilfe an ihrer Lebenssituation orientieren.

Die Begegnung gestalten [→Kap. 7]

- Die personzentrierte Haltung

Sich dem Menschen gegenüber wertschätzend verhalten und sich in seine Lebenssituation und Erfahrungen einfühlen. Dem Menschen echt und unverfälscht begegnen und für ihn unmittelbar erlebbar sein.

- Die Wirklichkeit von Menschen mit einer Demenz anerkennen

Die auf Grund der Gedächtniseinschränkungen nicht der Realität entsprechenden Erfahrungen und Überzeugungen akzeptieren.

- Eine sichere Beziehung schaffen

Bei jeder Begleitung und Unterstützung von Menschen mit einer Demenz zuerst eine mitmenschliche Beziehung aufbauen, in der Sicherheit und Vertrauen erlebt werden können.

- Die Kommunikation und Verständigung anpassen

Die Kommunikation an die verbliebenen Fähigkeiten und die eingetretenen Einschränkungen von Menschen mit einer Demenz immer wieder neu anpassen. Das Verhalten und den körpersprachlichen Ausdruck als Mitteilungsform wahrnehmen und deuten.

Psychosoziale Begleitung anbieten [→Kap. 8]

- Die Erfahrungen und das Erleben wertschätzen und akzeptieren

Das Verhalten und die Gefühle als einzigartige Lebensäußerungen anerkennen. Sich auf das Selbsterleben von Menschen mit einer Demenz beziehen, ihn in seinen Erfahrungen begleiten und seine Empfindungen und Gefühle wertschätzen.

- Beistand, Erleichterung und Anteilnahme anbieten

Für den anderen Menschen da sein, ihm zuhören und ihn trösten. Das erlebte Leid wahrnehmen und für entspannende Erfahrungen sorgen.

- Den sozialen Kontakt fördern

Die Begegnung mit dem anderen Menschen suchen, ihn aktiv ansprechen und Situationen gestalten, in denen er Kontakt zu seinen Mitmenschen finden kann.

Alltägliche Verrichtungen unterstützen und die Versorgung sicherstellen [→Kap. 9]

- Das Handeln beaufsichtigen, anleiten und unterstützen

Die verbliebenen Erfahrungs- und Handlungsmöglichkeiten aktivieren und dem hilfebedürftigen Menschen ermöglichen, Handlungsschritte eigenständig durchzuführen.

- Den Menschen einbeziehen und mit ihm kooperieren

Die Unterstützung so gestalten, dass sich der hilfebedürftige Mensch beteiligen kann, seine Selbstachtung bewahrt wird und er bereit ist, Hilfe anzunehmen.

- Die Versorgung sicherstellen und Fürsorge übernehmen

Die Handlungen und Entscheidungen übernehmen, die der hilfebedürftige Mensch nicht mehr eigenständig erbringen kann oder deren Notwendigkeit er nicht mehr versteht. Sich der Verantwortung für den anderen Menschen stets bewusst sein.

Für Tätigkeiten und Beschäftigungen sorgen [→Kap. 10]

- Die Lebenserinnerungen unterstützen

Eine Biografie erstellen und nutzen, um Menschen mit einer Demenz zu helfen, ihre Lebenserfahrungen zu erinnern und ihre Identität zu erleben.

- Die Erfahrungs- und Handlungsmöglichkeiten fördern

Für Aktivitäten und Erlebnisse sorgen, an denen Menschen mit einer Demenz Interesse und Freude haben und die sie mit ihren vereinfachten Erfahrungs- und Handlungsmöglichkeiten durchführen und erleben können.

Rahmenbedingungen schaffen [→Kap. 11]

- Das soziale Lebensumfeld gestalten

Für ein Zusammenleben sorgen, in dem Menschen mit einer Demenz anerkannt und ihre Desorientierung sowie ihr vereinfachtes Handeln toleriert werden.

- Die räumlich-materielle Umgebung anpassen

Eine wohnliche Umgebung gestalten, die Menschen mit einer Demenz mit ihren verbliebenen Erinnerungen erkennen können und in der sie Geborgenheit und Vertrautheit erleben können.

7. Begegnungen gestalten

7.1 Eine wertschätzende Haltung finden

Die Begleitung von Menschen mit einer Demenz benötigt eine Besinnung auf Handlungsweisen und Regeln, die Menschen im Umgang miteinander aufbringen, wenn sie sich aufmerksam einander zuwenden, nämlich: Dasein, Achtsamkeit, einfühlendes Verstehen und Solidarität mit dem anderen. Wenn Menschen so geschwächt sind, dass sie nicht mehr für sich selbst sorgen können, dann geht es darum, ihr Leiden leichter und erträglicher zu machen und sie mit ihrer Krankheit und ihrer (daraus folgenden) Lebensweise bedingungslos anzunehmen. Worauf es also ankommt ist, sich gegenüber Menschen fürsorglich und zartfühlend zu verhalten, wenn sie verletzlich sind und ihr Leben von Krankheit beschädigt ist. Begleitung und Pflege ist zu allererst die Begegnung von Menschen. Aus dieser Begegnung muss sich eine tragfähige Beziehung entwickeln, in der sich der hilfebedürftige Mensch der Unterstützung und dem Handeln der helfenden Person anschließen und anvertrauen kann.

Die begleitende Person steht nicht in Distanz zu Menschen mit einer Demenz. Sondern Menschen mit einer Demenz setzen sich sofort in Beziehung zu ihr. Wie sie als Mensch in der Beziehung erscheint und diese mit ihren persönlichen Eigenschaften gestaltet, ist entscheidend für die Begleitung und Pflege.

Menschen mit einer Demenz nehmen die begleitenden Personen zuerst als Mitmenschen wahr und nicht in ihren professionellen Rollen. Sie nehmen als Erstes den anderen Menschen wahr und bewerten ihn und sein Verhalten mit den von ihnen erlebten Gefühlen [→Kap. 5.7]. Die angebotene Begleitung und Pflege wird von ihnen auf der Grundlage ihrer erlebten Gefühle akzeptiert oder abgelehnt. Der erste Schritt in der Beziehungsgestaltung muss es deshalb sein, die von Menschen mit einer Demenz erlebten Gefühle und Empfindungen wahrzunehmen.

Während des Beziehungsprozesses müssen die begleitenden Personen einschätzen, welche Fähigkeiten eine Person mit einer Demenz hat und welche Einschränkungen und Behinderungen ausgeglichen werden müssen. Zudem sollten sie sich bemühen, sich in die Lebenssituation der Person mit einer Demenz einzufühlen, um zu verstehen, wie die Person ihre Lebenssituation wahrnimmt und deutet.

Dieser stete Wechsel der Perspektiven erfordert von der begleitenden Person, ihr Handeln und ihre Beziehung mit dem hilfebedürftigen Menschen fortlaufend zu reflektieren und entsprechend flexibel anzupassen. Dabei können die folgenden Fragen die Beobachtungen leiten:

- Wie nimmt die andere Person mich und die Situation wahr?
- Welche Gefühle erlebt sie?
- Wie geht es mir in der Situation und wie nehme ich die andere Person war?
- Welche Gefühle erlebe ich, die es mir schwer machen, die Beziehung so zu gestalten, dass der Hilfsbedürftige mir vertrauen kann? Und wie kann ich dem entgegenwirken?
- Was kann ich tun, damit Vertrauen und Sicherheit erlebt werden?
- Was kann ich tun, damit die Situation und meine Absichten so verstanden werden, dass kein Missverständnis und keine Abwehr entstehen?

Pflege und Begleitung als Beziehungsprozess ist immer ein wechselseitiges Aushandeln über das, was in der jeweiligen Situation geschehen kann. Die begleitenden Personen müssen hierbei die reflektierte, aktive Gestaltung der Beziehung übernehmen.

Für Menschen mit einer Demenz ist diese bewusste Beziehungsgestaltung so entscheidend, weil sie hierdurch erreichbar bleiben. Demgegenüber sind sie uneinsichtig gegenüber Maßnahmen der Hilfe und Unterstützung, die von einer wertschätzenden Beziehung losgelöst sind. Diese drohen dann zu scheitern.

Wenn bei Menschen mit einer Demenz die Einsicht zur Mitwirkung bei der körperlichen Versorgung fehlt, kommt es dabei häufig zu Spannungen und Konflikten. Finden sie zu der begleitenden Person keine vertrauensvolle Beziehung, dann verweigern sie sich häufig durch verbale oder körperliche Abwehr. Mit Schimpfen, Schlagen, Beißen, Kratzen, Kneifen oder Wegstoßen versuchen sie dann, die Annäherung abzuwehren oder sich der Situation zu entziehen [→Kap. 12].

Die Pflegeperson gestaltet aktiv die Beziehung, z.B. durch Zuwendung.

7.1.1 Sich auf Bedürfnisse einstellen

Menschen mit einer Demenz behalten die gleichen Bedürfnisse bei wie andere Menschen auch. In der Motivhierarchie von Abraham Maslow ist wiedergegeben, welche Bedürfnisse Menschen haben und welche Bedürfnisse gesichert sein müssen, um in der Pyramide nach dem nächst„höheren“ Bedürfnissen zu streben.

Pyramide der Bedürfnisse

Bedürfnis nach Selbstverwirklichung
Selbsterfüllung durch die Verwirklichung der in der eigenen Person angelegten Möglichkeiten und Fähigkeiten, Bedürfnis nach Verstehen und Einsicht

Bedürfnis nach Selbstachtung, Wertschätzung und Achtung
Bedürfnis nach Leistung, nach Geltung, nach Zustimmung

Bedürfnis nach sozialer Bindung
Bedürfnis nach Liebe, nach Zärtlichkeit, nach Geborgenheit, nach sozialem Anschluss, nach Identifikation, nach Vertrauen, nach Kontakt und Zuwendung

Bedürfnis nach Sicherheit
Bedürfnis nach Ordnung, nach Zuverlässigkeit, Gesetzlichkeit und Verhaltensregelung, Schutz vor Schmerz, Furcht, Angst und Unordnung (Chaos)

Physiologische Bedürfnisse
Hunger, Durst, Sexualität, Schlaf – Bedürfnis nach Versorgung, Nahrung, Kleidung und Wohnung

In der Regel sind Menschen bestrebt, die physiologischen Bedürfnisse, also die eigene körperliche Existenz, vor allen anderen sicherzustellen. Bei Menschen mit einer Demenz ist dies allerdings ein wenig anders. Sie erleben sich nicht in ihrer körperlichen, sondern in ihrer psychischen Existenz bedroht. Für sie steht nicht im Vordergrund, ihre physiologischen Bedürfnisse zu befriedigen, sondern die Bedürfnisse nach Sicherheit, sozialer Bindung, Geborgenheit und Zuwendung. Denn die äußere Welt verliert mehr und mehr an Bedeutung, wird fremd und bedroht ihr Erleben von Sicherheit.

Menschen mit einer Demenz suchen Zuwendung und Geborgenheit in der Beziehung zu anderen Personen. Hier erleben sie die Sicherheit und Orientierung, die bisher das vertraute Lebensumfeld und die innere stabile Identität gegeben haben. Wird diesem Bedürfnis nicht entsprochen, dann werden Menschen mit einer Demenz apathisch, ziehen sich zurück oder geben sich selbst auf, sie weinen, jammern und klagen. Ihre psychische Belastung, depressive Verstimmung und Niedergeschlagenheit kann an einem leeren Gesichtsausdruck, einer traurigen Mimik und einer allgemeinen Teilnahmslosigkeit beobachtet werden.

Menschen mit einer Demenz suchen die Nähe und den engen Körperkontakt zu anderen Personen und laufen ihnen ständig hinterher. Durch wiederholtes Fragen und Rufen, lautes Klopfen, Schreien oder Einklagen von Hilfe machen sie auf sich aufmerksam.

Sie benötigen zur Linderung und Erleichterung des erlebten psychischen Leidens die zuverlässige und kontinuierliche Begleitung durch eine erreichbare Person, dann verlieren Sie nicht den Kontakt zu ihrem sozialen Lebensumfeld. Zwar vereinfachen sich ihre Möglichkeiten, mit anderen Personen Kontakt aufzunehmen und die Beziehung aufrechtzuerhalten. Aber auch wenn die eingeschränkte Sprache und das eingeschränkte Denken Gespräche und Unterhaltungen nicht mehr möglich machen, bleiben Menschen mit einer Demenz über ihr Gefühlsleben sowie über ihre Sinnes- und Körpererfahrungen erreichbar.

7.1.2 Die personzentrierte Haltung

Wertschätzung

Wertschätzung zeigt sich in einer an keine Bedingungen gebundene Akzeptanz des anderen Menschen. Der andere Mensch wird auch dann akzeptiert, wenn sein Verhalten nicht mit den eigenen Erwartungen und Einstellungen übereinstimmt. Das heißt nicht, dass dem Verhalten immer zugestimmt werden muss. Es geht allein darum, den anderen Menschen in seinem Menschsein wertzuschätzen.

Menschen mit einer Demenz haben ein Recht auf individuelle Lebensführung. Sie haben Anspruch darauf, dass ihre Gefühle und ihre Lebensäußerungen akzeptiert werden. Grenzen findet ihr Verhalten da, wo ihre Handlungen andere Menschen einschränken oder schädigen.

Es ist ein Grundbedürfnis eines jeden Menschen, anerkannt und in seiner Individualität akzeptiert zu werden. Menschen, die in ihrer Lebensführung von Hilfe und Unterstützung abhängig sind, brauchen in besonderem Maße die positive Wertschätzung durch andere Personen.

Wenig Wertschätzung zeigt sich,

- wenn ich es besser weiß, wie der andere Mensch sein Leben zu führen hat und ihm Ratschläge erteile („Ratschläge sind auch Schläge"),
- wenn ich den Erfahrungen und Gefühlen eines anderen Menschen widerspreche und ihm das Recht auf die Wahrheit seiner Gefühle und Erfahrungen abspreche,
- wenn ich meine Sicht der Dinge zum Maßstab mache und den anderen Menschen abwerte,
- wenn ich den anderen Menschen nicht für vollwertig ansehe,
- wenn ich Menschen nur anerkenne, wenn sie bestimmte Eigenschaften und Fähigkeiten aufweisen und
- wenn ich mich unfreundlich, respektlos oder zynisch verhalte.

Was bedeutet **positive Wertschätzung** und Akzeptanz in der Beziehung zu Menschen mit einer Demenz?

- Ihre Identität und Individualität wird anerkannt.
- Ihr so genanntes verwirrtes, desorientiertes, unpassendes, auffälliges oder sozial störendes Verhalten und ihr Eigensinn werden als individuelle Lebensäußerung verstanden und respektiert.
- Das Leben in ihrer eigenen Welt und in den Episoden des vergangenen Lebens wird akzeptiert und wertgeschätzt.
- Sie erleben Sicherheit, Geborgenheit und Wohlbefinden in einer stabilen, vertrauensvollen Beziehung, die durch Akzeptanz und Wertschätzung geprägt ist.

Bei Menschen mit einer Demenz entstehen Gefühle der Ablehnung, Bedrohung und Verunsicherung, wenn es nicht gelingt, ihnen erlebbare positive Wertschätzung entgegenzubringen. Sie reagieren dann mit Rückzug aus der Beziehung, Verweigerung der Kooperation und Hilfe.

Empathie

Einfühlendes Verstehen oder Empathie führen dazu, die eigene Wahrnehmung zu erweitern und zu vertiefen. Sie zeigt sich in der Offenheit, die eigene Welt, das subjektive Erleben und die Erfahrungen des anderen Menschen wahrzunehmen und in ihren Zusammenhängen zu verstehen. Eine um Einfühlung bemühte Person versucht, die erlebten Gefühle und Erfahrungen eines anderen Menschen nachzuempfinden und aus dessen Perspektive zu betrachten.

Mangelnde Empathie zeigt sich,

- wenn mich der andere Mensch mit seinen Lebenserfahrungen nicht interessiert,
- wenn ich die Gefühle eines anderen Menschen nicht akzeptiere, weil ich keine Ursache für diese Gefühle sehe,
- wenn ich in der Begegnung eines anderen Menschen die Gefühle und Erfahrungen, die das Verhalten und die sprachlichen Botschaften begleiten, nicht wahrnehme und
- wenn ich dem anderen Menschen Beweggründe und Absichten unterstelle, die er gar nicht hat.

Was bedeutet Empathie in der Beziehung zu Menschen mit einer Demenz?

- Einfühlendes Verstehen ist der Weg, sich die subjektive Welt von Menschen mit einer Demenz zugänglich zu machen.
- Einfühlung in die individuelle Lebenserfahrung macht es möglich, Menschen mit einer Demenz ganz wahrzunehmen und ihre erlebten Erfahrungen und Gefühle zu begleiten.
- Menschen mit einer Demenz erfahren eine Stärkung ihres Selbsterlebens, wenn ihre emotionalen, psychischen und körperlichen Bedürfnisse erkannt und bei der Begleitung berücksichtigt werden.
- Durch Einfühlung wird aus der Wahrnehmung des Verhaltens eine verstehende Beobachtung.

Echtheit

Sich echt und aufrichtig verhalten in der Beziehung zu anderen Menschen bedeutet, sich nicht hinter einer Fassade, Maske oder Rolle zu verbergen. Eigene Gefühle, Impulse und Empfindungen werden zugelassen und akzeptiert. Das bedeutet nicht, alle Gefühle und Wertungen ungehemmt zu äußern, sondern sich selbst nichts vorzumachen, zu seinen Gefühlen und Empfindungen zu stehen, sich zu fragen, ob die Situation angenehm oder unangenehm ist. Wie wirkt die andere Person auf mich, erlebe ich Spannungen und Belastungen? Kann ich mit der Situation oder der anderen Person angemessen umgehen? Echtheit heißt, stets ein waches Auge für sich selbst zu haben.

In einer durch Echtheit gekennzeichneten Beziehung kommt es zu einer wirklichen Begegnung von Mensch zu Mensch. Ich mache dem anderen nichts vor. Ich versuche keinen Eindruck zu vermitteln, der nicht mit meinem Denken und Empfinden übereinstimmt. Ich bin für den anderen unverfälscht erlebbar.

Eine unechte Beziehung zeigt sich,

- wenn ich mich anders gebe als ich bin und wenig von mir offenbare,
- wenn meine Freundlichkeit eine Fassade ist,
- wenn ich meine Gefühle verdränge oder sie nicht wahrhaben will und
- wenn mich die Menschen nicht wirklich interessieren und ich nur meinen Job mache.

Was bedeutet Echtheit für Menschen mit einer Demenz?

- In der Beziehung zu Menschen, die sich echt verhalten, erleben Menschen mit einer Demenz Eindeutigkeit und Klarheit.
- Sie erfahren Vertrauen und Sicherheit in der Begegnung von Mensch zu Mensch, in der sie sich gelöster fühlen und freier sind von Bedrohung und Angst.
- Erst wenn sich Menschen echt und unverfälscht zeigen, kann von ihnen wirkliche Akzeptanz und Wertschätzung ausgehen.

Echtheit in der Beziehung fördert das Vertrauen.

7.2 Die andere Wirklichkeit achten

Wie Menschen mit einer Demenz sich selbst und die Welt erfahren, wird geprägt von den eingeschränkten Fähigkeiten ihres Gehirns und Gedächtnisses. Sie entwickeln dabei oft eine Wirklichkeit, die sich von der Wirklichkeit der sie begleitenden Personen stark unterscheidet

Menschen mit einer Demenz haben zudem das Problem, dass sie ihre Sichtweisen und Überzeugungen nicht mehr mit anderen Personen vernünftig austauschen und somit korrigieren können. In den alltäglichen Situationen bleiben sie bei ihren Überzeugungen und Schlussfolgerungen und sind oft erstaunt und auch verärgert, wenn andere Menschen die Welt anders sehen.

Wirklichkeit von Menschen mit einer Demenz	**Wirklichkeit der begleitenden Personen**
▪ Zerfall des Zusammenhangs der täglichen Ereignisse und Erfahrungen	▪ Erleben eines ursächlichen Zusammenhangs der täglichen Ereignisse und Erfahrungen
▪ Erleben einer fremden und unbekannten Welt	▪ Erleben einer in ihren Bedeutungen erkannten Welt
▪ Zeitlosigkeit, Leben im Hier und Jetzt des unmittelbaren Augenblicks	▪ Zeiterleben mit der Trennung von Vergangenheit, Gegenwart und Zukunft
▪ Leben in Episoden des vergangenen Lebens mit dem dazugehörigen Selbsterleben	▪ Leben in der Realität der täglichen Ereignisse
▪ Subjektive Einschätzungen, die nicht durch einen Austausch mit anderen Personen korrigiert werden können	▪ Korrektur der subjektiven Einschätzungen und Schlussfolgerungen durch den Austausch mit anderen Personen
▪ Verunsicherung und Verstörung	▪ Orientierung und Sicherheit

Die „Wirklichkeit" von Menschen mit einer Demenz steht der „Wirklichkeit" der begleitenden Personen entgegen. Diese beiden Wirklichkeiten stimmen nicht nur nicht überein, sondern sie widersprechen sich sogar oft.

Verlegte oder versteckte Gegenstände werden nicht wiedergefunden, denn Menschen mit einer Demenz haben in ihrem Gedächtnis keine Erinnerung daran, dass sie etwas weggelegt, liegen gelassen oder versteckt haben. Dass stets eine Handtasche da war, sagt ihr noch intaktes Langzeitgedächtnis. Aber jetzt ist die Handtasche weg! Daraus entstehen Gedanken wie: „Ich habe sie nicht verlegt. Nein, das kann nicht sein, das müsste ich doch wissen. Ich habe die Handtasche auch nirgendwo liegen lassen. Wo kann sie nur sein? Kann ja nur geklaut sein. Hier sind Diebe im Haus. Ja, die Handtasche ist mir gestohlen worden."

Das Essen ist gerade beendet oder die Tochter vor fünf Minuten gegangen, aber danach gefragt lautet die Antwort häufig: „Ich habe noch nichts zu essen bekommen." oder „Ich werde nie besucht." Die Person mit einer Demenz hat die Ereignisse vergessen. Für sie hat es diese nie gegeben. Und entsprechend ihrer Wahrnehmung beantwortet sie auch die Fragen.

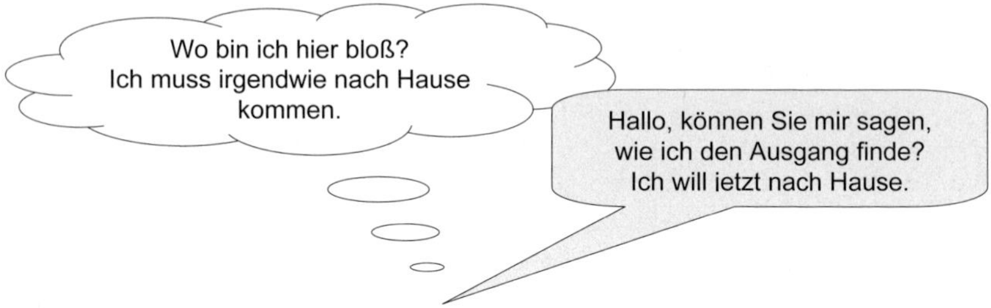

Normal ist, dass man eine fremde, unbekannte und verwirrende Umgebung verlassen möchte. Menschen mit einer Demenz kennen den Ort nicht, an dem sie gerade sind. Auch wissen sie nicht, wie sie dorthin gekommen sind und was sie dort sollen. Also müssen sie das Altenheim oder Krankenhaus verlassen. Werden sie aber darauf hingewiesen, dass sie Hilfe und Unterstützung brauchen, sind sie überrascht und verärgert, denn sie sind der festen Überzeugung, dass mit ihnen alles in Ordnung sei. Sie können nicht verstehen, was die Menschen um sie herum wollen. Es ist für sie letztendlich eine „logisch" richtige und konsequente Selbstbehauptung, jetzt nach Hause gehen zu wollen.

Diese Person, der ein Essen gebracht wird, deutet die Situation vor dem Hintergrund ihrer alten Lebenserfahrungen: „Oh, es wird mir ein Essen serviert, dann kann ich also nur in einem Restaurant sitzen. Ich habe aber kein Geld dabei. Ich kann hier nichts essen." – Menschen mit einer Demenz erinnert ihr Aufenthalt im Altenheim an ihre Erfahrungen, die sie in ihrem früheren Leben mit Hotels oder Krankenhäusern gemacht haben. Folgerichtig fragen sie nach dem Namen des Hotels oder sie möchten den Arzt sprechen.

Menschen mit einer Demenz befinden sich zeitweise wieder in Episoden ihres vergangenen Lebens. Erinnerte Ereignisse und Erfahrungen erleben sie mit den gleichen Gefühlen, der gleichen Stimmung, den gleichen Eindrücken wie zu der Zeit, als diese stattgefunden haben. Dadurch, dass die zeitliche Struktur ihres Lebens zerstört ist, können sie nicht mehr unterscheiden ob das, was sie gerade erleben, gegenwärtig passiert oder ein Ereignis ist, das aus der Vergangenheit in ihr Bewusstsein tritt. Für sie ist beides gleich real. Vergangenheit und Gegenwart werden nicht mehr voneinander getrennt erlebt. Gehen immer mehr Erinnerungen aus dem biografischen Gedächtnis verloren, dann sind es vor allem die Lebenserfahrungen des frühen Erwachsenenlebens und der Kindheit, die in das aktuelle Bewusstsein rücken. Menschen mit einer Demenz leben dann in ihrer eigenen Welt aus Erinnerungen. Sie sind wieder die Personen, die sie in der Vergangenheit waren.

Männer leben wieder in der Überzeugung, zur Arbeit fahren zu müssen. Frauen sind die sorgende Mutter, die unruhig ist, weil sie ihre Kinder nicht findet. Oder eine Person sucht den verstorbenen Ehemann, an dessen Seite sie Jahre ihres Lebens gelebt, dessen Tod sie aber vergessen hat. Begleitende Personen werden mit der Schwester oder der Tochter verwechselt, weil sie Menschen aus vergangenen Tagen ähneln.

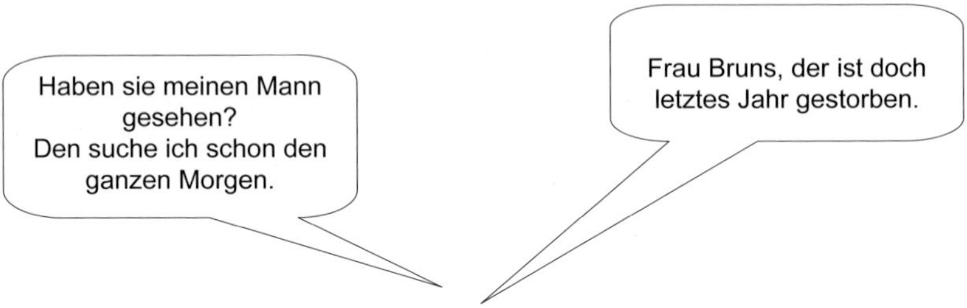

Menschen mit einer Demenz erleben Verstörung, Kränkung und Missachtung, wenn ihre Lebenswirklichkeit und ihre Erfahrungen nicht wahrgenommen und akzeptiert werden. Sie haben von sich selbst ein anderes Bild als die sie begleitenden Personen. Während diesen ein alter gebrechlicher Mann gegenübersteht, erlebt er selbst sich als ein beruflich erfolgreicher Mann in seinen mittleren Lebensjahren. Oder die alte Dame wähnt sich als attraktive Frau von Mitte 20, die unbedingt den jungen Pfleger erobern will.

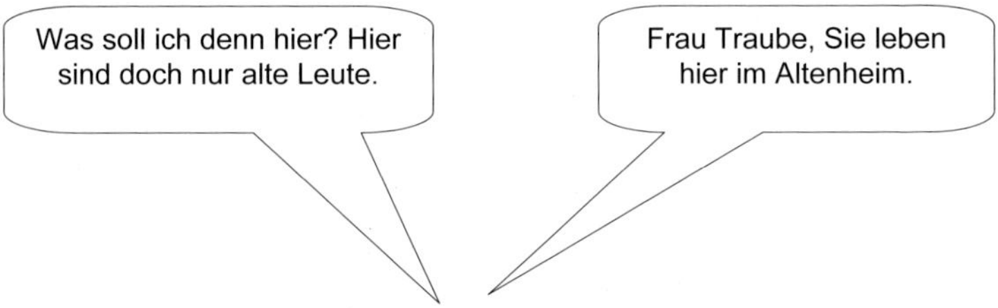

Menschen mit einer Demenz erleben sich oft jünger, wenn sie Teile ihrer Lebenserinnerungen verloren haben. Die begleitenden Personen sollten ihre Handlungen demzufolge möglichst an der Selbstwahrnehmung der Betroffenen orientieren und nicht an ihrem eigenen Erleben der Situation. Das Entscheidende hierbei ist es, Menschen mit einer Demenz so wahrzunehmen und zu akzeptieren, wie sie sich selbst sehen, ihnen also nicht ihre Sicht von der Welt abzusprechen.

nicht i. d. Realität zwingen

Hier entstehen zunehmend Erinnerungslücken, die verhindern, die eigene Situation angemessen zu beurteilen und die Veränderungen der eigenen Lebenssituation nachvollziehen zu können. Die Erinnerungen an das selbstständige Leben sind im Gedächtnis unverrückbar vorhanden. Menschen mit einer Demenz haben deshalb oft keine Vorstellung davon, dass sie erkrankt sind und Hilfe benötigen. Sie schätzen sich als unabhängige und eigenständig handelnde Menschen ein.

Damit das Gedächtnis weiterhin als Wegweiser der Orientierung dienen kann, müssen alte Lebenserfahrungen durch neue Erfahrungen ergänzt und korrigiert werden. Alle Menschen kennen das, wenn sie umgezogen sind: Ab dem Tag des Umzugs gilt die neue Adresse. Zum Einkaufen müssen neue Wege eingeschlagen werden. Die neue Adresse und der neue Weg zur Arbeit ersetzen die alte Hausadresse und den alten Weg zur Arbeit. Auf dem aktuellen Stand der Lebensentwicklung bleibt das Gedächtnis Wegweiser der Orientierung.

Bliebe die neue Adresse nicht dauerhaft im Gedächtnis, würde uns der Weg immer wieder zur alten Adresse führen. Ohne das sich stets an neue Lebensverhältnisse aktualisierende Wissen würde unser Leben in Desorientierung und Chaos enden.

Menschen mit einer Demenz können ihre alten Lebenserfahrungen nicht mehr korrigieren. Für sie gibt es im Gedächtnis kein dauerhaftes Wissen über ihr Leben mit der Demenz. Sie glauben, weiterhin kompetent zu handeln und eigenständig zu leben. Und dies erklärt auch, warum Menschen mit einer Demenz ihre Demenz zwar mit allen Gefühlen und Empfindungen erleben, sie aber nicht verstehen.

Das Verhalten sowie die Überzeugungen und Schlussfolgerungen von Menschen mit einer Demenz erscheinen unvernünftig und unverständlich, denn sie haben nicht mehr die Regeln und Normen des angemessenen Verhaltens im Gedächtnis. Wenn sie sich „daneben" benehmen, dann wissen sie nicht, dass es falsch ist. Sie haben kein Schuldbewusstsein und können nicht verstehen, dass andere Personen sich an ihrem Verhalten stören. Viele ihrer Verhaltensweisen sind nicht mehr der Situation angepasst – sie verwundern, entsetzen oder empören. Dabei droht für Menschen mit einer Demenz die Gefahr, dass sie die Achtung und Anerkennung anderer Personen verlieren. Ihr Handeln ist aber nicht beabsichtigt. Es ist Ausdruck ihrer sich immer weiter vereinfachenden Erfahrungs- und Handlungsmöglichkeiten und muss deshalb von den begleitenden Personen und dem sozialen Umfeld toleriert und anerkannt werden.

Menschen mit einer Demenz werden u.U. sehr ärgerlich und aggressiv, wenn jemand versucht, sie von etwas anderem zu überzeugen. Sie sind gekränkt und fühlen sich missachtet, wenn ihre Wirklichkeit, ihre Empfindungen und Gefühle verleugnet und nicht anerkannt werden.

Das Verhalten und die Reaktionen auf die täglichen Erfahrungen sind für Menschen mit einer Demenz sinnvolle Lebensäußerungen und Ausdrucksmittel, um ihr Erleben und Befinden der Umgebung mitzuteilen. Ihr Verhalten dient der Selbstbehauptung. Damit verteidigen sie ihren Selbstwert und das gewohnte Selbsterleben.

Einige ihrer Verhaltensweisen sind aus ihrer Lebensgeschichte motiviert. Wer immer den Haushalt versorgt hat, der möchte auch weiter in diesem Sinne tätig sein, auch wenn der Tisch nach dem Essen normalerweise nicht mit dem Sommerkleid abgewischt wird.

Wer pflichtbewusst seinem Beruf nachgegangen ist, der muss eben jeden Morgen zur Arbeit. Wer sehr viel Wert auf Eigenständigkeit gelegt hat oder eine dominante Persönlichkeit war, der will sich selbst anziehen. Er lehnt angebotene Hilfe ab, auch wenn die Kleidung unvollständig ist. Auch hier ist das Verhalten eine sinnvolle Lebensäußerung, die Anerkennung braucht.

Menschen mit einer Demenz wollen so anerkannt werden, wie sie sich selbst sehen, auch wenn es nicht immer gelingen kann, ihre Welt zu verstehen. Sie erleben sich dann anerkannt und respektiert, wenn sie erfahren, dass ihr Verhalten und Erleben, ihre Überzeugungen und Wahrheiten von den begleitenden Personen wertgeschätzt werden.

Werden ihre Überzeugungen, Schlussfolgerungen und Verhaltensweisen nicht anerkannt, dann erleben sich Menschen mit einer Demenz

- abgelehnt, missachtet und abgewertet.
- Sie sind dann von den begleitenden Personen enttäuscht, gekränkt und ziehen sich aus der Beziehung zurück.
- Sie werden unruhig, laufen umher und sind auch bisweilen aggressiv.
- Sie sind innerlich zerrissen, verunsichert und angespannt.

Menschen mit einer Demenz benötigen Anerkennung und Wertschätzung allein für ihr bloßes menschliches Dasein. Sie bedürfen der Akzeptanz unabhängig von Wertungen, die sich an den Normen des sozialen Verhaltens oder der Nützlichkeit rationalen Handelns orientieren.
Das Verhalten und Erleben von Menschen mit einer Demenz entwickelt sich auf der Grundlage ihrer subjektiven Wirklichkeit. Die begleitenden Personen müssen akzeptieren, dass sie und Menschen mit einer Demenz in unterschiedlichen Wirklichkeiten leben und dass die Widersprüche, die sich hieraus ergeben, nicht aufgeklärt werden können. Die begleitenden Personen sollten die unumstößliche Wirklichkeit von Menschen mit einer Demenz kennen, akzeptieren und sich auf sie einstellen.

Die Person verliert durch ihre Erkrankung nicht das Recht auf eine würdevolle Achtung ihres Menschseins.

– Respektieren und achten Sie die Würde und Identität der Person.

Die Person hat keine Einsicht in ihre Erkrankung.

– Stellen Sie den Menschen mit seinem Erleben, seinen Erfahrungen, Empfindungen und Gefühlen in den Mittelpunkt Ihres Handelns und nicht sein Verhalten oder die Symptome seiner Krankheit, die beherrscht werden müssen.

Die Person sieht sich weiterhin als intakt und eigenständig.

– Reduzieren Sie den Menschen nicht auf eine „kranke“ Person, an der Sie nur störendes und auffälliges Verhalten wahrnehmen; entdecken Sie die Ressourcen der Person.

Die Person verarbeitet die täglichen Erfahrungen und Ereignisse anders als die sie begleitenden Personen.

– Machen Sie sich mit der Lebenssituation von Menschen mit einer Demenz vertraut. Eignen Sie sich das Wissen an, um die Einschränkungen der geistigen Fähigkeiten und die Behinderungen im praktischen Können besser zu verstehen.

Die Person entwickelt andere Deutungen und Schlussfolgerungen als die sie begleitenden Personen.

– Achten und wertschätzen Sie die Wahrnehmungen, Schlussfolgerungen und Behauptungen der Person, so verwirrt und fremd sie auch erscheinen mögen.

Eine Person mit einer ausgeprägten Demenz erlebt keinen Zusammenhang der täglichen Erfahrungen, sie lebt im Hier und Jetzt des unmittelbaren Augenblicks. Sie erlebt die Vergangenheit und Gegenwart nicht mehr voneinander getrennt, sie lebt in einer anderen Wirklichkeit als die sie begleitenden Menschen.

– Versagen Sie sich jede Korrektur der Sichtweisen und Wirklichkeiten der Person.

Die Person kann sich nicht mehr neuen Situationen anpassen.

– Berücksichtigen Sie die besondere Verletzlichkeit der Person.
– Anerkennen Sie den Eigensinn, die Unvollkommenheit und Unzufriedenheit der Person.

Die Person verfügt nicht mehr über alle in ihrem Leben erlernten und erworbenen Fähigkeiten des Verhaltens und Handelns.

– Anerkennen Sie, dass die Person infolge ihrer Krankheit eingeschränkt und behindert ist.
– Passen Sie sich den veränderten und vereinfachten Erfahrungs- und Handlungsmöglichkeiten der Person an.
– Respektieren Sie Handlungen der Person, die sie eigenständig erbracht hat, auch wenn sie unvollkommen sind (z.B. das Ankleiden oder der Umgang mit Speisen und Getränken).
– Begegnen Sie dem unvollkommenen Handeln und dem nicht immer situationsgerechten Verhalten der Person mit Achtung und Respekt.
– Achten Sie die Art und Weise des Verhaltens und der äußeren Erscheinung der Person, auch wenn sie mit den gewohnten sozialen Normen und Werten nicht mehr übereinstimmen.

7.3 Eine sichere Beziehung schaffen

Die Person erkennt nicht mehr ausreichend die Umgebung und die Situationen des Alltags.

– Stellen Sie die mitmenschliche Beziehung zu der Person bei jeder Begegnung und jeder Form der Hilfe und Unterstützung in den Vordergrund. Wenden Sie sich zuerst dem Menschen zu und erst dann seiner Hilfsbedürftigkeit.
– Fördern Sie durch Ihr Verhalten, dass die Person Sicherheit, Vertrauen und Geborgenheit erlebt.

Die Person verlässt sich bei der Begleitung und Pflege auf die von ihr erlebten Gefühle und Empfindungen. Sie kooperiert mit den Menschen, bei denen sie Vertrauen und Sicherheit erlebt.

– Beginnen Sie mit der Unterstützung und Versorgung erst dann, wenn sich eine positive Beziehung hergestellt hat.
– Integrieren Sie die Pflege und Versorgung in den Beziehungsprozess mit dem Menschen, den Sie unterstützen. Ihre Hilfe wird oft nicht verstanden, Ihr Beziehungsangebot aber mit dem Gefühl wahrgenommen und bewertet.

Die Person kann die Gefühle und Stimmungen anderer Menschen sehr genau wahrnehmen. Sie verhält sich entsprechend der Gefühle und Stimmungen, die sie bei den begleitenden Menschen wahrnimmt.

– Seien Sie sich darüber bewusst, wie Ihre körpersprachlichen Botschaften von der Person wahrgenommen werden.
– Wenn Sie die Person anleiten, unterstützen oder vollständig versorgen, dann achten Sie dabei auf das, was Ihre Mimik, Gestik und Körperhaltung ausdrückt [→Kap. 7.4.1].
– Ihre körpersprachlichen Signale und der Klang Ihrer Stimme zeigen der Person, welche Gefühle Sie im Augenblick haben und in welcher Stimmung sie sind.
– Ihre Gefühle und Stimmungen prägen entscheidend mit, wie sich die mitmenschliche Beziehung entwickelt und ob es Ihnen gelingt, die Person zur Kooperation zu bewegen.

Die Person erkennt nicht immer sofort die Menschen, die sich ihr nähern. Sie braucht oft einen Augenblick, bis sie ihre Aufmerksamkeit auf die aktuelle Situation richten kann.

– Gestalten Sie bewusst und überlegt den Kontakt zu der Person. Seien Sie respektvoll und höflich.
– Gehen Sie in die unmittelbare Nähe der Person (nicht weiter weg als eine Armeslänge).
– Wenden Sie sich der Person vollständig zu und sprechen Sie sie immer von vorn an. Begeben Sie sich auf die gleiche Augenhöhe mit der Person, die Sie ansprechen.
– Sprechen Sie die Person mit einem ihr vertrauten Namen an. Beobachten Sie hierbei, ob sich die Person noch an ihren Nachnamen erinnern kann.

Die Person reagiert mit Ablehnung, wenn sie „überrumpelt" wird.

– Berühren Sie achtsam die Person. Damit zeigen Sie ihr, dass Sie in ihrer Nähe sind (die Akzeptanz von Berührungen muss beobachtet werden, nicht alle Menschen akzeptieren Berührungen!). Sprechen Sie zur Gestaltung des Kontaktes alte Lebenserinnerungen oder die in der Situation erlebten Gefühle und Empfindungen an.

Jede Kontaktaufnahme sollte in direktem
Blickkontakt stattfinden und mit einer Berührung verbunden sein.

7.4 Die Kommunikation und Verständigung anpassen

Zur Gestaltung des Kontakts, einer sicher erlebbaren Beziehung und der Anleitung und Unterstützungen bei den alltäglichen Verrichtungen ist es nötig sich klarzumachen, welche Möglichkeiten der Kommunikation und Verständigung Menschen mit einer Demenz bleiben und wie man sich diesen anpassen kann.

7.4.1 Exkurs: Kommunikation

Menschen kommunizieren, um sich zu verständigen. Sie tauschen Meinungen, Ansichten und Überlegungen aus, klären Dinge oder das Gespräch bereitet ihnen einfach nur Freude. Durch Kommunikation werden die sozialen Beziehungen aufgebaut und gestaltet.

An einem einfachen, der Nachrichtentechnik entlehnten Modell lässt sich die Kommunikation verdeutlichen. Beim Kommunizieren sendet eine Person (der Sender) einer anderen Person (dem Empfänger) Signale oder Botschaften. Diese Signale können Worte sein (verbale Kommunikation) oder auch körpersprachlicher Art (nonverbale Kommunikation). Wenn Sender und Empfänger die gleiche Sprache sprechen, können sie sich verständigen.

Körpersprache
In der Kommunikation lassen sich abstrakte oder bildhafte Zeichen einsetzen. Gesprochene Sprache und Schrift sind Systeme abstrakter Zeichen. Körpersprachliche Signale sind bildhafte Zeichen, die unmittelbar wahrnehmbar sind. Ich kann einer Person mit Worten sagen, dass sie aufstehen soll. Ich kann aber auch vor sie treten, die Hände ausstrecken und zeigen, dass sie aufstehen möge.

Auch wenn Menschen nicht miteinander sprechen, zeigen sie in der Begegnung mit anderen immer einen körpersprachlichen Ausdruck, der etwas über ihre Stimmung, Gefühle und ihre Werthaltungen vermittelt. Der körperliche Ausdruck kann nur schwer kontrolliert werden, er ist offen sichtbar und für andere Menschen lesbar.

Wie die Signale des körpersprachlichen Ausdrucks verstanden werden, ist abhängig davon, wie sie interpretiert werden. Nicht nur der Sender bestimmt die Bedeutung der Botschaft, sondern vor allem der Empfänger. Ich kann mit meiner Freundlichkeit die besten Absichten haben. Ist der Empfänger aber eine misstrauische Person, kann er meinen Ausdruck als Falschheit und nicht als Freundlichkeit deuten.

Die Besonderheiten des körpersprachlichen Ausdrucks:

- Körpersprache verstärkt und unterstützt sprachliche Mitteilungen.
- Sie vermittelt psychische Befindlichkeit, Gefühle, Einstellung und Haltung.
- Körpersprache gilt als authentisch und echt, weil sie schwer zu kontrollieren und zu unterdrücken ist.
- Sie zeigt die Persönlichkeit und den Charakter eines Menschen.
- Körpersprache ist entscheidend für die mitmenschliche Beziehung.
- Körpersprache wird in der Regel unbewusst und intuitiv erfasst.

Stimmen sprachliche Mitteilungen und körpersprachlicher Ausdruck überein, dann werden die sprachlichen Mitteilungen besser verstanden und angenommen. Stimmen sachliche Mitteilungen und körpersprachlicher Ausdruck nicht überein, dann bestimmt der körpersprachliche Ausdruck die Kommunikation. Bei der Interpretation der unterschiedlichen Aussagen halten sich Menschen eher an den körpersprachlichen Ausdruck. Inkongruenz, also die Differenz von sprachlichen und körpersprachlichen Signalen, verunsichert Menschen und lässt sie eventuell misstrauisch auf Distanz gehen [→Kap. 7.4.6].

Bedeutungsebenen

Neben der Übermittlung eines **Sachinhalts** vermitteln wir gezielt oder unbewusst einen bestimmten Eindruck von uns. Dieser Teil der Nachricht wird als **Selbstoffenbarung** bezeichnet. Ein anderer Teil der Nachricht ist die **Beziehungsaussage**. Sie enthält die Einschätzung, die ich von der anderen Person habe. Mit diesem Teil der Nachricht mache ich auch deutlich, wie ich mich selber in der Beziehung zu der anderen Person sehe. Ich möchte mit meiner Nachricht aber auch die andere Person zu etwas bewegen. Ich möchte, dass sie etwas tut. Dies ist dann der **Appell** in der Nachricht.

Vier Botschaften einer Nachricht:

Sachinhalt	▪ Das will ich dir sagen – die Sachinformation
Selbstoffenbarung	▪ Das ist mit mir los – Informationen über die mitteilende Person (z.B. Status, Fähigkeiten, Gedanken, Befinden, erlebte Gefühle etc.)
Beziehung	▪ So stehen wir zueinander – Aussage darüber, wie der Mitteilende die Beziehung sieht ▪ So sehe ich dich – Aussage darüber, was der Mitteilende von der anderen Person hält
Appell	▪ Dazu will ich dich bewegen – Aufforderung und Einflussnahme auf das Verhalten der anderen Person

[Tab. 1]

Alle diese Botschaften sind in einer Nachricht an eine Person enthalten. Welche Botschaft die Person wahrnimmt, bestimmt sie selber. Auch hier gilt: Der Empfänger bestimmt die Bedeutung der Nachricht. Der Empfänger wählt von den unterschiedlichen Botschaften diejenige aus, die ihm im Moment als die wichtigste erscheint oder für die er besonders empfänglich ist.

Beispiel „Schatz, es ist kein Bier im Kühlschrank."

Botschaften, die in dieser Nachricht enthalten sein können:

Sachinhalt	„Es ist kein Bier im Kühlschrank."
Selbstoffenbarung	„Ich habe Durst und möchte Bier trinken."
Beziehung	„Du bist dafür zuständig, den Kühlschrank mit Bier aufzufüllen."
Appell	„Hol´ mir ein Bier aus dem Keller."

[Tab. 2]

Die Ehefrau kann jetzt auswählen, auf welche der Botschaften sie reagiert:

Sachinhalt	„Ja, ich weiß."
Selbstoffenbarung	„Wenn du Durst hast, dann trink Wasser."
Beziehung	„Ich bin nicht deine Dienerin."
Appell	„Hol' dir selbst dein Bier."

[Tab. 3]

7.4.2 Einschränkungen bei Menschen mit einer Demenz

Menschen mit einer Demenz verfügen oft nicht mehr über ausreichende sprachliche Fähigkeiten, um sich anderen Menschen mitzuteilen und sie zu verstehen. Der Inhalt und die Bedeutung von Mitteilungen, Aufforderungen oder Anleitungen werden nicht mehr begriffen. Die beiden Einschränkungen – das Nachlassen der Sprache und die zunehmende Merkstörung – machen es ihnen immer schwerer, sprachlich zu kommunizieren. Appelle an den Verstand rauschen vorbei. Es ist nicht mehr möglich, mit den Betroffenen über ihre Lebenssituation, ihre „falschen" Schlussfolgerungen „vernünftig" zu sprechen. Diskussionen über Fehler und Unzulänglichkeiten können nicht geführt werden und sollten deshalb vermieden werden [→Kap. 7.2].

Darüber hinaus kommt es durch Schädigungen der motorischen Sprachzentren im Gehirn in einzelnen Fällen auch zu einer starken Beeinträchtigung der Artikulation. Worte können dann nicht mehr deutlich ausgesprochen werden. Die Sprache ist verwaschen und nuschelig.

Wenn Menschen mit einer Demenz das Werkzeug Sprache versagt und sie soziale Kontakte nicht mehr wie bisher gestalten können, reagieren sie darauf häufig mit Beschämung oder Ärger. Sie ziehen sich aus sozialen Beziehungen zurück und wirken in sich gekehrt und teilnahmslos.

Eine wesentliche Voraussetzung für die Gestaltung des Kontaktes und der Beziehung zu Menschen mit einer Demenz ist, dass sich die begleitenden Personen in ihrer Kommunikation und Verständigung an deren eingeschränkte Fähigkeiten anpassen.

Eine Aufgabe wird dabei sein, die Sprache und Signale zu identifizieren, mit denen sich Menschen mit einer Demenz noch ausdrücken können. Ebenso ist es notwendig, die eigenen sprachlichen und körpersprachlichen Mitteilungen so zu gestalten, dass sie von Menschen mit einer Demenz verstanden werden können.

Einschränkungen von Menschen mit einer Demenz, die bei der Kommunikation und Verständigung berücksichtigt werden müssen:

- Die Person kann sich immer weniger sprachlich mitteilen.
- Sie versteht immer weniger die Worte anderer Menschen.
- Sie hat nur noch eine sehr kleine Merkspanne, um sprachliche Botschaften zu verstehen.
- Sie kann immer weniger ihr Denken ordnen und gedankliche Vorstellungen entwickeln.
- Sie lebt in einer nur für sie gültigen eigenen Wirklichkeit, mit ihren Überzeugungen und Schlussfolgerungen, die nicht korrigiert werden können.
- Sie kann nicht mehr die „vernünftigen" Erklärungen und Argumente der begleitenden Personen verstehen.
- Die Desorientierung nimmt zu, wenn der körpersprachliche Ausdruck und die sprachliche Mitteilung der begleitenden Personen nicht übereinstimmen (Inkongruenz).

Fähigkeiten von Menschen mit einer Demenz, die bei der Kommunikation und Verständigung genutzt werden können:

- Die Person erlebt weiter eigene Gefühle und Empfindungen.
- Sie kann durch ihr Verhalten und ihre Körpersprache ihre Gefühle, Bedürfnisse und körperlichen Empfindungen ausdrücken.
- Sie erkennt an dem körpersprachlichen Ausdruck die Gefühle, Stimmungen und die Haltung anderer Menschen.

Aufgaben der begleitenden Personen bei der Kommunikation und Verständigung mit Menschen mit einer Demenz:

- Die sprachliche und körpersprachliche Kommunikation an die Erfahrungs- und Handlungsmöglichkeiten von Menschen mit einer Demenz anpassen und damit Verständigung ermöglichen.
- Den körpersprachlichen Ausdruck und das Verhalten von Menschen mit einer Demenz als gültige Lebensäußerungen achten und wertschätzen.
- Die Körpersprache deuten durch
  - den Bezug auf die Situation,
  - Einfühlung in das Erleben von Menschen mit einer Demenz und
  - das Wissen, wie sich Einschränkungen und Verluste von Menschen mit einer Demenz auswirken.
- Die Kommunikation ausschließlich auf der Gefühlsebene führen.
- Den eigenen körpersprachlichen Ausdruck beachten, der als sichtbarer Anteil in die Beziehung eingebracht wird.
- Kongruente sprachliche und körpersprachliche Botschaften vermitteln.

7.4.3 Auf die Botschaften achten

Durch die Einschränkungen des Sprachverständnisses und des rationalen Denkens verstehen Menschen mit einer Demenz immer weniger die Sachinhalte einer Nachricht. Was sie aber weiterhin wahrnehmen, sind die Selbstoffenbarungen und Beziehungsaussagen der begleitenden Personen. In diesen Botschaften wird deutlich, welche Haltungen begleitende Personen ihnen gegenüber einnehmen.

Beispiel Frau Knapp steht aus ihrem Sessel auf und winkt einer Pflegenden zu. „Was soll ich hier? Hier habe ich kein Bett."

Die Pflegende geht schnell an Frau Knapp vorbei. „Das glaube ich nicht. Setzen Sie sich mal wieder hin. Gleich zeige ich Ihnen Ihr Zimmer. Jetzt habe ich zu tun und keine Zeit."

Botschaften der Pflegenden:

Selbstoffenbarung	Beziehungsaussage
▪ Ich fühle mich gestört. ▪ Ich weiß es besser als Sie. ▪ Ich bestimme, was hier läuft.	▪ Sie sind doch nur verwirrt. ▪ Sie muss ich nicht ernst nehmen.

[Tab. 1]

Botschaften, die Frau Knapp versteht:

„Die hält mich für doof."

„Hier werde ich nicht ernst genommen."

„Hier kümmert sich keiner um mich."

Beispiel Herr Maier geht auf eine begleitende Person zu und fragt: „Wo finde ich den Ausgang?" Die begleitende Person geht an Herrn Maier vorbei und ruft ihm zu: „Sie müssen den Ausgang nicht suchen, Sie wohnen hier!"

Botschaften der begleitenden Person:

Selbstoffenbarung	Beziehungsaussage
▪ Ich muss arbeiten und Sie stehen mir im Weg. ▪ Ich hab' es eilig und will mich nicht um Sie kümmern.	▪ Mit Ihnen will ich mich jetzt nicht beschäftigen. ▪ Ihre Frage ist unangemessen.

[Tab. 2]

Botschaften, die Herr Maier versteht:

„Die will mich nicht verstehen."

„Der bin ich lästig."

„Die will nichts mit mir zu tun haben."

„Die hat mich einfach stehen lassen."

Durch die Selbstoffenbarung und die Beziehungsaussage teilen die beiden begleitenden Personen mit, welche Haltung sie zu Frau Knapp und Herrn Maier haben. Diese Haltung wird sowohl von Frau Knapp als auch von Herrn Maier feinfühlig wahrgenommen und löst bei beiden entsprechend negative Gefühle aus.

Alle Personen, die Menschen mit einer Demenz begleiten und pflegen, müssen sich deshalb fragen, ob sie ein Verhalten akzeptieren und wertschätzen können, das in der Regel vom gewohnten und normalen Verhalten abweicht. Hier ist also die eigene Einstellung und Haltung gefragt, die begleitende Personen immer wieder überprüfen sollten. Nur wer Menschen mit einer Demenz positive Gefühle, Anerkennung und Wertschätzung entgegenbringen kann, ist für ihre Begleitung und Pflege geeignet.

Menschen mit einer Demenz nehmen die formalen beruflichen Qualifikationen ihrer Begleiter nicht wahr. Sie sind aber sensibel für deren menschliche Qualitäten, Gefühle und Stimmungen. Ihre psychische Befindlichkeit ist abhängig von einer wertschätzenden Beziehung. Spüren sie in den Selbstoffenbarungen und Beziehungsaussagen der begleitenden Personen Missachtung und Ablehnung, dann fühlen sie sich gekränkt und zurückgewiesen. In einer begleitenden Beziehung, der eine solche Haltung zu Grunde liegt, reagieren Menschen mit einer Demenz verstimmt. Sie ziehen sich aus der Gemeinschaft zurück, geben sich auf und verweigern die Kooperation bei der Versorgung [→Kap. 9.2].

7.4.4 Die Gefühlsebene ansprechen

Durch Appelle an den Verstand, d.h. allein über die Kommunikation auf der Sachebene, kann man Menschen mit einer Demenz nicht mehr erreichen. Erleichterung und Unterstützung muss ihren Schwerpunkt auf der Beziehungs- und Gefühlsebene haben. Über diese können die begleitenden Personen einen Zugang zu Menschen mit einer Demenz finden. Der Kontakt zu Menschen mit einer Demenz sollte deshalb immer zuerst über die Gefühlsebene erfolgen.

Beispiel Frau Gärtner sitzt am Frühstückstisch und kaut lustlos an ihrem Brötchen. Eine begleitende Person steht vor dem Tisch und sagt: „Frau Gärtner, Sie müssen aber etwas essen, Sie haben schon so viel abgenommen."

Die begleitende Person hat eine gute Absicht. Sie glaubt, Frau Gärtner mit ihrer Aufforderung und Begründung zum Essen bewegen zu können. Da Frau Gärtner die begleitende Person nicht versteht, erfährt sie durch sie auch keine Unterstützung.

Was könnte Frau Gärtner helfen? Die begleitende Person setzt sich neben Frau Gärtner und sagt: „Gar keine Lust heute zum Frühstücken?", „Noch nicht richtig wach?" (vielleicht mit einer spürbaren Berührung verbunden). Nicht die Worte sind das Entscheidende, sondern die offene und freundliche Ansprache: „Ich helfe Ihnen etwas, nehmen Sie zuerst einen Schluck Kaffee."

Beispiel Frau Johann liegt im Bett. Eine begleitende Person kommt in das Zimmer und sagt: „Frau Johann, es ist schon nach neun Uhr! Es wird Zeit, dass Sie aufstehen. Ich werde Ihnen jetzt helfen, aus dem Bett zu kommen."

Auch hier glaubt die begleitende Person richtig gehandelt zu haben. Sie hat Frau Johann darüber informiert, was diese jetzt tun soll.

Menschen mit einer Demenz sind oft zeitlich nicht orientiert. Sie haben nicht die Aufmerksamkeit und das Sprachverständnis, um so schnell zu verstehen, was jetzt gemeint sein könnte. Außerdem müssen sie sich zunächst zu der Person orientieren, die da plötzlich im Zimmer steht.

Was könnte Frau Johann helfen? Die begleitende Person betritt das Zimmer und geht zum Bett: „Guten Morgen Frau Johann." (setzt sich zunächst auf die Bettkante), „Ausgeschlafen?" (den Augenkontakt suchen und vielleicht die Hand berühren, Frau Johann braucht etwas Zeit, um sich zu orientieren) „Es wird Zeit aufzustehen, ich helfe ihnen dabei."

7.4.5 Sprachliche Mitteilungen vereinfachen und körpersprachlich verstärken

Menschen mit einer Demenz haben für die körpersprachlichen Signale der begleitenden Personen eine hohe Sensibilität. Sprachliche Mitteilungen werden von Menschen mit einer Demenz oft besser verstanden, wenn sie durch körpersprachliche Signale unterstützt und verstärkt werden. So wie blinde Menschen sich auf ihren Tastsinn und ihr Gehör verlassen, so müssen sich Menschen, deren Verstand immer unzuverlässiger wird, auf die Wahrnehmung des körpersprachlichen Ausdrucks verlassen um das Handeln der begleitenden Personen einzuschätzen.

Das folgende Beispiel soll zeigen, wie eine komplexe sprachliche Mitteilung geteilt sowie körpersprachlich unterstützt und verstärkt werden kann, damit sie für Menschen mit einer Demenz zugänglich wird.

Die eigentliche Nachricht:

Beispiel „Frau Jäger, ihre Tochter kommt Sie heute Nachmittag besuchen.“

Wie sollte die begleitende Person diese Nachricht vermitteln, sodass Frau Jäger sie besser versteht?

„Frau Jäger, …“

Menschen mit einer Demenz sollten mit dem Namen angesprochen werden, den sie noch verstehen, das kann bei starkem Gedächtnisverlust auch schon mal der Vorname sein. Dies dient als Signal der Orientierung und ruft die Aufmerksamkeit von Frau Jäger wach. Zum anderen drückt die Anrede Wertschätzung aus.

Der Kontakt sollte mit einer spürbaren Berührung verbunden sein. Frau Jäger kann dann wahrnehmen, dass die Ansprache an sie gerichtet ist.

Das Gespräch mit Frau Jäger sollte immer auf Augenhöhe geführt werden. Die sprechende Person platziert sich also direkt vor Frau Jäger.

Alte Menschen entwickeln einen Tunnelblick, d.h. dass sich ihr Blickfeld verengt. Personen, die sich in einem großen Winkel zur Blickrichtung befinden, können nicht gesehen werden. Außerdem verstehen sie gesprochene Worte besser, wenn sie gleichzeitig die Lippenbewegungen verfolgen können.

Wenn Frau Jäger die sprechende Person hört, sieht und fühlt, dann erreicht sie die Information gleichzeitig über drei Sinneskanäle. Dies hilft ihr, sich zu orientieren und ihre Aufmerksamkeit auf die sprechende Person zu richten.

„Woher kennen Sie mich?“

Frau Jäger hat durch ihre Gedächtnisstörungen den Überblick über ihr Leben verloren. Sie kann sich oft nicht mehr merken, ob sie die begleitende Person kennt – auch dann nicht, wenn sie ihr seit zwei Jahren täglich begegnet.

„Ich arbeite hier.“

Die begleitende Person nimmt Frau Jägers Überzeugung ernst, dass Frau Jäger sie nicht kennt, und widerspricht ihr deshalb nicht.

„Ich bin es, Doris.“

Die begleitende Person stellt sich Frau Jäger immer dann (neu) vor, wenn sie ihr begegnet. Dies ist notwendig, weil Frau Jäger ihre Lernfähigkeit verloren hat. Sie kann sich nicht merken, dass sie der Begleiterin schon öfter begegnet ist.

„Ich möchte Ihnen etwas sagen.“

Die sprachlichen Mitteilungen sollten so kurz wie möglich sein, damit Frau Jäger sie versteht. Längere Mitteilungen als die Merkspanne von ca. 60 Sekunden kann Frau Jäger nicht mehr verstehen.

„Ich hab mit ihrer Tochter Beate gesprochen.“

Die begleitende Person sollte deutlich und langsam sprechen. Sie sollte für Frau Jäger wichtige Personen oder Dinge extra betonen. In diesem Fall „Tochter“ und „Beate.“ Es ist für Frau Jäger leichter, wenn sie sehen kann, von was gesprochen wird. In diesem Fall könnte ein Foto ihrer Tochter ihr Verständnis unterstützen. Angehörige werden oft besser auf Fotos erkannt, wenn sie darauf einige Jahre jünger sind.

„Ihre Tochter kommt Sie besuchen.“

Das „kommt Sie besuchen“ sollte die begleitende Person deutlich betonen und dann Frau Jäger Zeit lassen, um die Botschaft zu verstehen.

„Sie kommt heute Nachmittag."

Die begleitende Person sollte stets darauf achten, dass nur eine Botschaft im Satz enthalten ist; so wie in der Werbung.

„Ich gehe wieder."

Die begleitende Person sollte den Kontakt mit Frau Jäger deutlich beenden. Die sprachliche Mitteilung sollte zusammen mit körpersprachlichen Signalen erfolgen. In diesem Fall kann sie die Hand von Frau Jäger, die sie während des Gesprächs gehalten hat, noch einmal fest drücken und dabei zur Tür zeigen.

„Auf Wiedersehen."

An der Tür angekommen kann die Begleiterin Frau Jäger zum Abschied noch einmal mit der Hand zuwinken. Sollte das Gespräch für Frau Jäger nicht erkennbar beendet werden, dann besteht die Gefahr, dass sie verwirrt und verstört zurück bleibt.

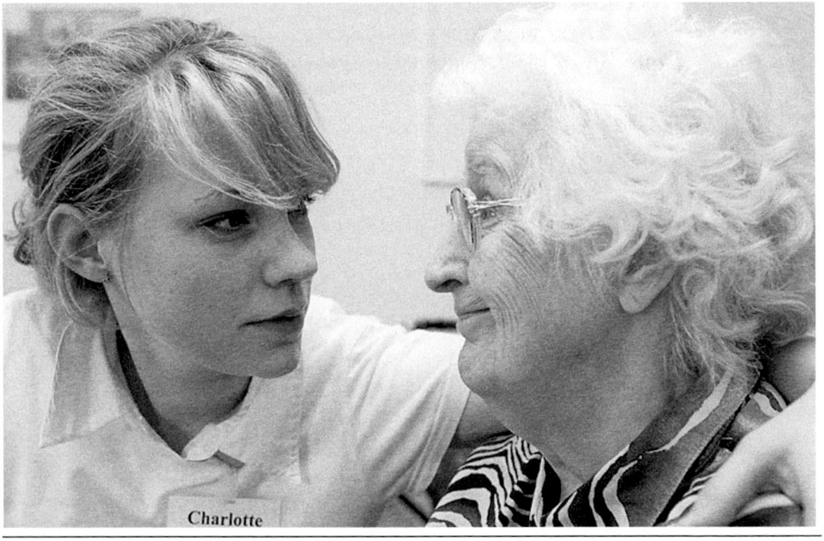

Einfache und klare Sätze fördern das Verständnis.

7.4.6 Den körpersprachlichen Ausdruck interpretieren

Der körpersprachliche Ausdruck ist oft die einzige Form, in der Menschen mit einer Demenz sich anderen Menschen mitteilen können. Für die Begleitung und Pflege und das Verständnis von Menschen mit einer Demenz ist deshalb die Körpersprache sehr wichtig und bedarf einer besonderen Aufmerksamkeit.

Beobachten ist mehr als wahrnehmen. Das Verhalten und der körpersprachliche Ausdruck, den wir bei anderen Menschen wahrnehmen, müssen interpretiert, gedeutet und in einen Zusammenhang gebracht werden. Denn eine verstehende Beobachtung setzt voraus, dass man das, was man wahrnimmt, auch versteht. Notwendig hierfür ist das Wissen darüber, wie sich die Einschränkungen und Verluste bei Menschen mit einer Demenz auswirken [→Kap. 4]. Notwendig sind außerdem Kenntnisse der Biografie und Einfühlungsvermögen für die erlebten Gefühle und Erfahrungen.

Körpersprachliche Mitteilungen erschließen sich dem Empfänger also oft nur dann, wenn die Situation, in der sie auftreten, in die Interpretation einbezogen wird. Der Empfänger sollte aber die Schlussfolgerung, die er aus seiner Beobachtung zieht, noch einmal genau überprüfen, um nicht unangemessen zu reagieren. Er sollte sich z.B. fragen: Gibt es mehr als nur ein körpersprachliches Signal, das in die gleiche Richtung weist, sodass ich die Situation tatsächlich so deuten kann? Machen andere Personen die gleiche Beobachtung und ziehen sie daraus die gleichen Schlüsse?

Das folgende Beispiel soll verdeutlichen, wie aus der Wahrnehmung einer körpersprachlichen Mitteilung eine **verstehende Beobachtung** werden kann.

Frau Marx hat die Fähigkeit verloren, eigenständig zu trinken. Sie versteht nicht mehr, was man ihr sagt, und sie erkennt nicht mehr die alltäglichen Dinge.

Frau Marx benötigt, dass die begleitende Person die Versorgung mit Flüssigkeit vollständig übernimmt. Dabei sollte Frau Marx mit ihren Möglichkeiten einbezogen werden.

Frau Marx sitzt am Tisch. Eine begleitende Person setzt sich neben sie und berührt zunächst die Hand von Frau Marx.

Frau Marx versteht Worte zwar nicht mehr. Sie spürt und versteht aber Berührungen.

Frau Marx wendet den Kopf und lächelt die begleitende Person an.

Frau Marx gibt durch ihre körpersprachliche Reaktion zu erkennen, dass sie die begleitende Person wahrgenommen hat.

Die begleitende Person schaut freundlich zurück und lächelt Frau Marx an.

Körpersprachliche Signale werden von Menschen mit einer Demenz besser verstanden, wenn sie in der gleichen Art und Weise beantwortet werden. Auf einen Blick erfolgt ebenfalls ein Blick. Auf ein Lächeln sollte die begleitende Person ebenfalls mit einem Lächeln reagieren, auf ein Winken mit einem Winken.

Die begleitende Person drückt die Hand von Frau Marx und streichelt dann ihren Unterarm.

Bei Menschen mit einer Demenz, die Sprache nur bedingt oder gar nicht mehr verstehen, sollte auf ein körpersprachliches Signal immer ein zweites körpersprachliches Signal folgen. Dies verstärkt die Botschaft.

„Frau Marx, hier ist etwas zu trinken für Sie."

Auch wenn Frau Marx die Sprache nicht mehr versteht, sollte nicht ganz auf sie verzichtet werden. Die begleitende Person muss aber deutlich und langsam sprechen sowie in einfachen und kurzen Sätzen. Was Frau Marx noch aufnimmt, ist die Stimmlage und der Tonfall. Eine ruhige, tiefe Stimme vermittelt Entspannung. Eine hohe, schrille Stimme vermittelt Aufregung und Anspannung.

Die begleitende Person hält das Trinkglas in die Blickrichtung von Frau Marx.

Frau Marx kann Gegenstände oft noch erkennen, wenn sie ihr gezeigt werden und ihre Aufmerksamkeit auf sie gerichtet wird.

Eine zweite Person kommt hinzu und sagt: „Frau Marx hat heute noch sehr wenig getrunken."

Die sprachlichen und körpersprachlichen Signale sollten immer in eine Richtung weisen und nicht unterbrochen werden oder die Richtung wechseln. Während Frau Marx angeleitet wird, sollte deshalb nicht über ein anderes Thema (z.B. das Wetter) geredet oder ein Nebengespräch geführt werden.

Frau Marx wendet den Kopf zu der zweiten Person und schaut sie fragend an.

Ist die Orientierung und Aufmerksamkeit von Frau Marx auf eine bestimmte Person oder Verrichtung gelenkt, dann sollte sie möglichst nicht von einer anderen Sache gestört und abgelenkt werden.

Die zweite Person entfernt sich.

Die Unterbrechung hat Frau Marx aus ihrer Orientierung zur Begleiterin und zum Trinken herausgerissen.

Die erste Person drückt die Hand, die sie die ganz Zeit hält: „Frau Marx, hier ist das Glas."

Nur mit körpersprachlichen Signalen lässt sich die Orientierung und Aufmerksamkeit von Frau Marx zurückholen (z.B. Hand drücken, Stimme, Glas zeigen).

Die begleitende Person nimmt die Hand von Frau Marx, führt sie zum Glas und gibt es ihr in die Hand.

Frau Marx sollte in Handlungen mit einbezogen werden, was ihre Orientierung und ihr Erkennen unterstützt sowie Wertschätzung ausdrückt.

Gemeinsam halten Frau Marx und die begleitende Person das Glas. Die begleitende Person führt es zum Mund: „Trinken Sie einen Schluck."

Die sprachlichen und körpersprachlichen Signale haben die gleiche Richtung. Beide zeigen, dass Frau Marx jetzt einen Schluck trinken soll.

Da Frau Marx nur kleine Schlückchen trinkt, muss das Getränk wiederholt angereicht werden.

Die begleitende Person muss sich dem Tempo und dem Takt von Frau Marx anpassen. Sie darf sie nicht unter Druck setzen, auch nicht durch ihre Körpersprache. Die Versorgung von Menschen mit einer Demenz verlangt viel innere Geduld, die auch nach außen sichtbar werden muss.

„Frau Marx, …!"

Zum Abschluss sollte Frau Marx ihre Aufmerksamkeit noch einmal auf die begleitende Person richten.

Die begleitende Person verabschiedet sich: „Ich gehe wieder." Sie drückt noch einmal spürbar die Hand von Frau Marx.

Die begleitende Person beendet den Kontakt zu Frau Marx sprachlich und körpersprachlich.

Die Pflegeperson unterstützt so weit nötig das Trinken.

7.4.7 Anpassung an die Erfahrungs- und Handlungsmöglichkeiten

Die Person behält das, was sie gehört hat, nur für sehr kurze Zeit im Gedächtnis (ca. 60 Sekunden lang) und verliert in Gesprächen den roten Faden.

– Beachten Sie die Einschränkungen, die die Person mit ihrem Gedächtnis hat [→Kap. 3.5.2].
– Stellen Sie der Person keine Fragen nach Ereignissen und Erfahrungen aus der jüngsten Vergangenheit.
– Leiten Sie jede einzelne Handlung, die getan werden muss, Schritt für Schritt an.

Die Person versteht nicht mehr den Inhalt langer Sätze und Gespräche.

– Bilden Sie keine komplizierten und langen Sätze, legen Sie nur eine Botschaft in einen Satz.
– Stellen Sie der Person möglichst solche Fragen, die mit Ja oder Nein beantwortet werden können.

Die Person hat keine Erinnerungen an das, was gerade passiert ist.

– Warten Sie nach jeder Frage erst die Antwort ab, bevor Sie weitersprechen.
– Überlassen Sie der Person den Verlauf des von Ihnen angeregten Gesprächs. Stellen Sie sich hierbei auf die wechselnden Inhalte immer wieder neu ein.

Die Person versteht nur noch sehr verlangsamt, was man zu ihr sagt. Sie kann nur noch verlangsamt Gedanken aussprechen.

– Passen Sie sich dem Tempo der Person an. Sprechen Sie langsam und machen Sie lange Pausen, damit die Person Zeit hat, das zu verarbeiten, was Sie gesagt haben.
– Zeigen Sie keine Ungeduld und lassen Sie der Person Zeit, wenn sie mit Ihnen spricht.

Die Person versteht nicht immer die Worte und Mitteilungen, die an sie gerichtet werden.

– Machen Sie es der Person leicht, Sie zu verstehen.
- Wenn Sie nicht verstanden wurden, dann wiederholen Sie das, was Sie gesagt haben, noch einmal mit denselben Worten.
- Artikulieren Sie Ihre Worte deutlich hörbar.
- Benutzen Sie einfache Worte und konkrete Begriffe: Worte, die einen Gegenstand beschreiben, wie z.B. Tisch, Glas, Hose, werden leichter verstanden.

Die Person versteht die Worte, die ihr aus ihrem Alltagsleben vertraut sind, noch lange Zeit.

– Passen Sie sich der gewohnten Alltagssprache der Kultur oder Schicht an, aus der die Person stammt.
– Nutzen Sie Schlüsselworte, die der Person vertraut sind:
- Trinksprüche: „Prost", „Zum Wohl", „Nicht lang schnacken, Kopf in Nacken" ...
- Aufforderungen zum Essen: „Mahlzeit", „Guten Appetit" ...

– Gebrauchen Sie Worte für die Verrichtung der Notdurft, die der Person aus ihrem Alltagsleben vertraut sind.

Die Person braucht viele Hinweise und Hilfen, um Mitteilungen und Situationen zu verstehen.

– Sprechen Sie mehrere Sinneskanäle bei der Person an, um eine bessere Verständigung zu erreichen.
– Unterstützen Sie das, was Sie sagen mit einer hinweisenden Geste oder machen Sie eine Handlung vor:
- „Hier liegt die Seife", während Sie deutlich wahrnehmbar auf die Seife zeigen.
- „Hier können Sie sich die Hände waschen", während Sie ihre Hände unter den Wasserhahn halten.

– Überreichen Sie einen Gegenstand und sagen, was er bedeutet:
- „Hier ist ein Löffel", während Sie den Löffel in die Hand der Person legen.
- „Hier ist Ihre Bluse", während Sie der Person die Bluse reichen.

– Reichen Sie Speisen und Getränke zum Probieren an:
- Sie reichen den Löffel mit dem Essen an und sagen: „Heute gibt es Linsensuppe. Probieren Sie mal.“

– Aktivieren Sie eine Tätigkeit durch einfühlsames Mithandeln. Machen Sie die ersten Bewegungsabläufe mit der Person gemeinsam. Setzen Sie die ersten Impulse durch eine gezielte Berührung:
- Berühren Sie die Hand und sagen: „Ich gebe Ihnen den Löffel in die Hand“. Führen Sie jetzt die Hand mit dem Löffel zum Teller. Nehmen Sie zusammen mit der Person von der Speise und führen Sie dann ihre Hand mit dem Löffel zum Mund.

Die Person kann die körpersprachlichen Signale anderer Personen verstehen.

– Bevorzugen Sie bei der Kommunikation ihren körpersprachlichen Ausdruck, wenn die Person Sprache nicht mehr versteht. Hierbei sollten Sie Folgendes beachten:

– Wendet sich eine Person mit einer Geste und einem mimischen Ausdruck an Sie (z.B. sie winkt in ihre Richtung und lächelt dabei), reagieren Sie möglichst mit derselben Geste und demselben mimischen Ausdruck (Sie winken zurück und lachen die Person an).

– Verstärken Sie Ihre sprachlichen Mitteilungen mit einem deutlich wahrnehmbaren körpersprachlichen Ausdruck. Setzen Sie hinweisende Gesten ein, wie zum Beispiel:
- Berühren Sie die Körperteile der Person, die sie bewegen soll.
- Zeigen Sie auf die Dinge, von denen Sie sprechen.
- Zeigen Sie mit dem Arm die Richtung an, in die Sie mit der Person gehen wollen.

– Alle Ihre sprachlichen und körpersprachlichen Signale und Mitteilungen sollten die gleiche Aussage haben. Sie sollten z.B. einer Person kein Getränk reichen, während Sie körpersprachlich signalisieren, dass Sie auf dem Sprung sind und eigentlich keine Zeit haben.

– Achten Sie auf die Übereinstimmung (Kongruenz) ihres körpersprachlichen Ausdrucks mit dem, was Sie der Person sprachlich mitteilen wollen.

Die Person drückt nicht sprachlich, sondern durch ihr Verhalten aus, welche Erfahrungen und Empfindungen sie macht und welche Gefühle sie erlebt.

– Nehmen Sie den körpersprachlichen Ausdruck und das Verhalten sehr genau wahr. Darüber können Sie die Gefühle, Empfindungen und Bedürfnisse der Person beobachten.
– Achten Sie bei der Interpretation des körpersprachlichen Ausdrucks der Person darauf, ob die einzelnen Signale das Gleiche ausdrücken. Stimmen zwei körpersprachliche Signale oder ein körpersprachliches und ein sprachliches Signal überein, dann können Sie sicher sein, dass Sie richtig beobachtet haben.
– Setzen Sie Ihr Wissen über die Demenz und ihr Einfühlungsvermögen ein, um zu einer verstehenden Beobachtung zu kommen.
– Beziehen Sie den situativen Zusammenhang in die Interpretation der körpersprachlichen Signale der Person ein.
– Entwickeln Sie eine innere Suchhaltung, um die verborgenen Botschaften, Appelle und die Gefühle der Person zu entschlüsseln.

– Plötzlich einsetzende Unruhe kann auf Harn- oder Stuhldrang hinweisen.
– Getriebene Unruhe oder aggressive Stimmung signalisieren eventuell Schmerzen oder andere körperliche Missempfindungen.
– Unruhiges Umherwandern zeigt möglicherweise quälende Desorientierung und Verunsicherung an.
– Nach- und Hinterherlaufen kann die Suche nach Sicherheit, Geborgenheit und den Wunsch nach Begleitung durch eine vertraute Person ausdrücken.
– Herumwerkeln und Herumkramen können auf das Bedürfnis nach Beschäftigung hinweisen.
– Fortwährendes Wandern kann auf das Bedürfnis hinweisen, die eigene Lebendigkeit und Existenz spüren zu wollen.
– Umherlaufen und Suchen in allen Räumen weisen auf das Bedürfnis hin, Orientierung finden zu wollen und deshalb die Umgebung erkunden zu müssen.
– Gezieltes Weglaufen zeigt den Wunsch, einen fremden und als unwohnlich erlebten Ort verlassen zu wollen.
– Wiederholte Bewegungen können mangelhafte Sinneserfahrungen und soziale Isolierung andeuten.
– Schreien, ständiges Rufen oder fortwährendes Klopfen zeigen Einsamkeit und Langeweile an.
– Aggressives Verhalten wehrt oft unerwünschte Annäherungen oder nicht verstandene pflegerische Handlungen ab.
– Werden die Hände und Arme während des Essenanreichens mit bewegt, dann offenbart dies das Bedürfnis nach Beteiligung.
– Werden Kopf oder Körper weggedreht und der Mund verschlossen, dann kann dies auf Unwillen zur Kooperation hindeuten.

8 Psychosoziale Begleitung anbieten

8.1 Die Erfahrungen und das Erleben wertschätzend und akzeptierend begleiten

Die begleitenden Personen dürfen die Wahrnehmungen und Erklärungsversuche von Menschen mit einer Demenz nicht in Zweifel ziehen und korrigieren. Menschen mit einer Demenz erleben Achtung und Wertschätzung, wenn die für sie gültigen Überzeugungen und Schlussfolgerungen akzeptiert werden, auch wenn sie von außen als falsch angesehen werden. Und sie erleben Kränkung und Missachtung, wenn andere Personen es „besser“ wissen, mit ihnen streiten und sie zur Einsicht bringen wollen [→Kap. 7.2].

„Falsche“ Überzeugungen müssen keine Bestätigung finden. Aber die Gefühle und Empfindungen, die mit diesen Überzeugungen verknüpft sind, müssen anerkannt und wertgeschätzt werden.

Ein Mensch, der davon überzeugt ist, dass ihm etwas gestohlen wurde, ist verärgert und misstrauisch. Er braucht die Bestätigung, dass es ärgerlich ist, wenn Dinge einfach wegkommen. Er will in seinem Gefühl ernst genommen werden. Die Anerkennung der Gefühle und Empfindungen führt in den meisten Fällen dazu, dass die Aufregung abklingt und dass das in diesem Zusammenhang erlebte Gefühl sich verändert. Erst dann gelingt es auch, zu der Person eine mitmenschliche Beziehung aufzubauen. Eine solche Beziehung eröffnet Wege, die unter Umständen zu einer Lösung der Situation führen.

In jeder Situation kann man mit Wertschätzung des Gegenübers handeln. Nicht selten jedoch reagieren begleitende Personen mit **mangelnder Wertschätzung**, wie die möglichen Antworten auf das folgende Beispiel zeigen:

Beispiel Frau Dada eilt in Hut und Mantel über den Flur. „Ich muss jetzt gehen. Wie komme ich bloß nach Hause?“

Bagatellisieren: „Hier ist es doch so schön. Sie brauchen nicht gehen."

Fragen stellen, ausforschen: „Warum wollen Sie uns denn verlassen?", „Jetzt erzählen Sie erst einmal, was Sie da denn wollen!

Dirigieren, anordnen: „Setzen Sie sich doch in das Wohnzimmer. Frau Mai ist auch dort.", „Sie setzen sich jetzt schön hier an das Fenster. Ich hole Sie dann zum Mittagessen ab."

Urteilen, kritisieren: „Es gefällt Ihnen bei uns also nicht.", „Ihnen können wir aber auch nichts recht machen."

Vorschläge machen, Lösungen anbieten: „Wenn Sie schon weg wollen, dann würde ich aber an ihrer Stelle noch das Mittagessen abwarten. Heute gibt es Grünkohl."

Falscher Trost oder falsche Beruhigung: „Ach ja das kenne ich. Kaum ist man weg von zu Hause, schon will man wieder zurück.", „Es fahren heute keine Straßenbahnen, der Strom ist ausgefallen."

Interpretieren, analysieren: „Sie kommen wohl mit Ihrer neuen Situation als Bewohnerin in unserem Haus nicht zurecht."

Moralisieren: „Sie müssen sich einfach etwas Mühe geben und mit jemandem Freundschaft schließen, dann wird es Ihnen hier schon besser gehen."

Mit Logik überzeugen: „Aber es ist nicht möglich, dass sie nach Haus können. Ihre Wohnung ist schon aufgelöst. Sie wohnen jetzt hier, im Seniorenparadies Sonnenschein."

Begleitung bedarf der Anteilnahme auf der Basis einer personzentrierten Haltung [→Kap. 7.1.3]. **Wertschätzende Begleitung** zeigt sich darin, den einzigartigen Menschen mit seinen persönlichen Eigenschaften und seinem Eigensinn vorbehaltlos zu akzeptieren. Wertschätzung bedeutet, dem Betroffenen zu vermitteln, dass er etwas wert ist. Wertschätzung anerkennt die subjektive Bedeutung und Wahrhaftigkeit in den Äußerungen und Handlungsweisen und konzentriert sich nicht auf den „Verfall" oder die Symptome der Krankheit. Die Begleitung von Menschen mit einer Demenz sollte sich an dieser und nicht an einer distanzierten und herabsetzenden Haltung orientieren. Begleitende Personen sollten sich in die Erfahrungs- und Gefühlswelt von Menschen mit einer Demenz begeben. Begleitung bedeutet, ein Stück mit auf dem Weg der Erfahrungen zu gehen, die Menschen mit einer Demenz machen.

Mitgehen auf dem Weg der Erfahrungen erfordert

- zu beobachten, wie sich Menschen mit einer Demenz verhalten,
- zu hören, was Menschen mit einer Demenz sagen wollen,
- sich einzufühlen, welche Gefühle und Empfindungen sie erleben und
- zu verstehen, welche Erfahrungen sie machen.

Die Person hat ein Selbsterleben, das oft von Erinnerungen aus vergangenen Episoden des Lebens geprägt ist. Sie erlebt ihre Erinnerungen genauso real und gültig wie in den vergangenen Tagen ihres Lebens.

– Nehmen Sie die Person so an, wie diese sich selbst sieht.
– Fragen Sie sich, in welcher Zeit und in welcher Rolle ihres vergangenen Lebens sich die Person befindet.
– Überlegen Sie, welche Erfahrungen die Person gerade macht.
– Bedenken Sie, dass die Person (die alte Frau), die vor Ihnen steht u.U. eine ganz anderes Bild (z.B. junge Mutter mit kleinen Kindern) von sich selbst hat, als Sie es von ihr haben.
– Akzeptieren Sie, dass es keine bloßen Erinnerungen sind, die die Person erlebt. Vielmehr ist die Person wieder die, die sie damals war (z.B. die sorgende Mutter, die das Kind aus der Schule holen muss).
– Anerkennen und wertschätzen Sie das alte Rollenverhalten mit seinen Erwartungen und Verpflichtungen, das die Person zeigt.

Die Person hat ein positiv gestärktes Selbsterleben, wenn ihre „Wahrheit“, Erfahrungen und Gefühle anerkannt und wertgeschätzt werden.

– Anerkennen Sie das Verhalten, die Gefühle und die Stimmungen der Person als ihre einzigartige Lebensäußerung. Sie kann sich auf Grund ihrer Erkrankung nur so verhalten und erleben.
– Respektieren Sie die individuellen Überzeugungen und Sichtweisen der Person, auch wenn sie Ihrem Denken bzw. Ihrem rationalen Verstand sowie Ihrer Auffassung von Richtigkeit und Wahrheit widersprechen.
– Zeigen Sie der Person, dass Sie gehört haben, was sie zu Ihnen gesagt hat.
– Formulieren Sie mit eigenen Worten das, was die Person zu Ihnen gesagt hat (paraphrasieren). Daran kann die andere Person erkennen, dass ihre Worte bei Ihnen angekommen sind und dass Sie ihr als Person Aufmerksamkeit schenken. Wenn Sie Gedanken der Person in Ihren Worten widerspiegeln, dann anerkennen und wertschätzen Sie deren gegenwärtige Erfahrungen.
– Zeigen Sie der Person, welche Gefühle und Empfindungen Sie bei ihr wahrnehmen.
– Sprechen Sie die Gefühle und Erfahrungen mit Ihren Worten aus (verbalisieren). Sie drücken damit stellvertretend für die Person mit einer Demenz Gefühle aus, die diese zwar empfindet, aber nicht mitteilen kann.
– Die Annahme und Wertschätzung der Gefühle und Erfahrungen führt zu einer positiven Beziehung und zu einer Stärkung des Selbsterlebens der Person. Die geschaffene Beziehung kann die Grundlage bilden, um die Person aus einer für sie belastenden Erfahrung hinauszuführen.

Die Person hat ihre eigene Handlungslogik. Sie zeigt ein Verhalten, das „unrealistisch“, „unlogisch“ oder „irrational“ erscheint.

– Tolerieren Sie unpassende Handlungs- und Verhaltensweisen der Person und sehen Sie ihr diese nach.
– Korrigieren Sie nicht ihr Verhalten.
– Diskutieren Sie mit ihr nicht über falsche Überzeugungen und Schlussfolgerungen.

– Stellen Sie die Person nicht bloß. Konfrontieren Sie sie nicht mit ihren Fehlern und ihrem Versagen.
– Bevormunden Sie die Person nicht. Grenzen Sie sie nicht ein.
– Anerkennen Sie das, was die Person tun kann, auch wenn es Ihren eigenen Erwartungen an ein „normales" Verhalten nicht entspricht.
Zum Beispiel können Sie zu einer Person, die mit einem Kleidungsstück den Tisch abwischt, sagen: „Schön, dass Sie den Tisch putzen. Jetzt muss aber noch das Geschirr eingeräumt werden. Kommen Sie und helfen Sie mir."

8.2 Beispiele für eine wertschätzende Begleitung

Die folgenden Beispiele zeigen einige Möglichkeiten, wie begleitende Personen in typischen Situationen reagieren können.

Frau Graubner muss nach Hause, weil ihr Vater wartet.
Frau Graubner lebt seit einigen Tagen in einem Altenpflegeheim. Sie ist sehr unruhig und läuft viel umher. Mit ihr zu reden gelingt nur, wenn sie geht. Sie spricht alle an: „Ich muss nach Hause, mein Vater wartet."

Es kommt immer wieder vor, dass sie den Wohnbereich verlässt und versucht das Haus zu verlassen. Um Frau Graubner von ihrem Vorhaben abzubringen, entgegnet die begleitenden Person Frau auf der Sachebene [→Kap. 7.4.1]: „Frau Graubner, Ihr Vater ist schon lange tot, der wartet nicht mehr auf sie."

Diese Reaktion konfrontiert Frau Graubner mit einer Wahrheit, die sie nicht hat. Die begleitende Person anerkennt nicht die Wirklichkeit von Frau Graubner. Sie nimmt Erfahrungen und Gefühle von Frau Graubner nicht wahr. In diesem Verhalten wird das missachtet, was Frau Graubner bewegt.

Frau Graubner sollte auf der Ebene ihrer Erinnerungen und der Gefühlsebene begegnet werden.

„Ich muss nach Hause, mein Vater wartet."

Frau Graubner erlebt sich als Kind oder junge Erwachsene. Sie meint, zu ihrem Vater zu müssen. Diese Wahrheit sollte vorbehaltlos anerkannt werden.

„Sie müssen nach Hause."

Eine einfache Form zu reagieren ist, wenn die begleitende Person das, was sie gehört hat bzw. den Sinn des Gesagten wiederholt und Frau Graubner zurückspiegelt.

Durch das Wiederholen (Paraphrasieren) merkt Frau Graubner, dass ihre Worte gehört worden sind und dass sie bei der anderen Person etwas bewirkt haben. Paraphrasieren geschieht aus einer personzentrierten Haltung heraus [→Kap. 7.1.3]. Stimmlage und körpersprachlicher Ausdruck der begleitenden Person sollten Anteilnahme und Wertschätzung zeigen.

„Ja, mein Vater wartet."

„Sie sind besorgt, dass Sie nicht rechtzeitig nach Hause kommen."

Die begleitende Person spricht jetzt die Gefühle an, die sie bei Frau Graubner wahrgenommen hat. Diese Form des Spiegelns (Verbalisieren) zeigt Frau Graubner, dass ihre Gefühle gesehen und dass diese ihr zugestanden werden. Das Spiegeln der Gefühle intensiviert die wertschätzende Beziehung zu Frau Graubner. Es schafft einen Kontakt auf der Gefühlsebene.

„Ich muss schnell los."

„Wo muss es denn hingehen?"

Die begleitende Person sollte nur dann Fragen stellen, wenn sie sicher ist, dass Frau Graubners Erinnerungen noch bis in die Zeit reichen, in der sie augenblicklich lebt.

Fragen nach Wo, Wer, Wie, Was sollten Frau Graubner nur mit großer Vorsicht gestellt werden und sich dann nicht auf einzelne Details beziehen. Kann Frau Graubner eine Frage nicht beantworten, dann sollten ihr auch keine weiteren Fragen gestellt werden.

Die Frage nach dem Warum sollte immer vermieden werden. Menschen mit einer Demenz können ihr Handeln oder ihre Gedanken meistens nicht mehr begründen.

„Nach Achenbach."

In diesem Fall hat Frau Graubner eine klare Vorstellung davon, wohin sie muss und wer dort auf sie wartet.

„Nach Achenbach. Was macht Ihr Vater in Achenbach?"

Zuerst sollte die begleitende Person Frau Graubners Worte wiederholen und ihr damit zeigen, dass der Kontakt zu ihr fortbesteht. Die Frage fördert bei Frau Graubner die Fortführung ihrer Gedanken. Sie ist offen formuliert und erfragt kein Detail, wie z. B.: „Was arbeitet denn der Vater?"

„Vater ist Müller."

„Müller, das ist ein anstrengender Beruf."

Die Wertschätzung des Vaters ist auch eine Wertschätzung für Frau Graubner.

„Ja, der arbeitet viel. Jetzt muss ich aber gehen."

Der Gedanke zum Vater ist weiterhin da. Aber Frau Graubner ist an dieser Stelle des Gesprächs schon deutlich ruhiger.
Die begleitende Person und Frau Graubner stehen die ganze Zeit über in der Wohnküche.

„Nach Achenbach zum Vater."

„Ja, der wartet."

„Ja, der ist Müller."

„Wir haben auch Tiere – eine Katze."

„Katzen sind schöne Tiere."

„Ja, und einen Hund."

Hier denkt Frau Graubner schon nicht mehr nur an den Vater. Ihre Erinnerungen haben sich jetzt um die Haustiere erweitert.

„Da muss man sich drum kümmern."

Die begleitende Person folgt Frau Graubner in ihren Erinnerungen, die sie somit wertschätzt und anerkennt.

Die Wertschätzung und Bestätigung der begleitenden Person schafft bei Frau Graubner Vertrauen und Sicherheit. Dadurch wächst die mitmenschliche Beziehung.

„Ja."

„Frau Graubner, da sind viele Krümel auf dem Boden. Ich hole mal einen Besen."

Nachdem die begleitende Person Frau Graubner eine Zeitlang in ihrer Erfahrung: „Ich muss nach Hause" und ihren Erinnerungen an das Zuhause gefolgt ist, kann sie es jetzt wagen, diesen Weg zu verlassen.

Sie lenkt Frau Graubners Aufmerksamkeit von ihren Erinnerungen auf die Krümel in der Küche.

Menschen mit einer Demenz sind schnell ablenkbar und verlieren einen Gedanken zumindest zeitweise aus dem Bewusstsein.

„Ja, die müssen weg."

Frau Graubner fegt jetzt eine Dreiviertelstunde die Wohnküche, bis sie wieder nach Hause will.

Das Gespräch, das dann folgt, hat einen ähnlichen Verlauf wie das vorige. Die Tätigkeit, die die begleitende Person Frau Graubner dann anbietet, ist das Abtrocknen des Geschirrs.

Frau Graubner lässt sich immer dann zu einer Tätigkeit führen, wenn vorher ihr Verlangen nach Hause zu wollen wertschätzend erwidert wird.

Frau Meister ist bestohlen worden

Frau Meister lebt schon einige Jahre in einem Altenpflegeheim. Seit geraumer Zeit wird sie immer „vergesslicher". Sie kann sich nicht mehr erinnern, was sie zu den Mahlzeiten gegessen hat und sucht hinter ihren Sachen her, die sie überall im Wohnbereich liegen lässt. Auch zeitlich ist sie desorientiert. Sie fragt oft nach der Uhrzeit und zieht sich tagsüber häufiger mal das Nachthemd an, um ins Bett zu gehen. Eines Tages kommt sie aus ihrem Zimmer und schreit laut:

„Meine Kette ist gestohlen worden. Jemand war in meinem Zimmer und hat mich bestohlen. Meine gute Halskette, die ich zur Hochzeit bekommen habe, ist weg!"

Frau Meister vermisst ihre Halskette. Durch ihre Lern- und Merkstörung kann sie sich nicht daran erinnern, was sie zuletzt mit ihrer Kette gemacht hat. Sie schafft sich eine Erklärung, was mit ihrer Kette passiert sein könnte. Da sie selbst die Kette nicht hat verschwinden lassen, muss es wohl jemand anderes gewesen sein. Ihre Sicht scheint logisch richtig: Ein Dieb hat die Kette genommen.

„Ihre gute Kette ist einfach weg."

Die begleitende Person gibt zunächst nur das inhaltlich zurück, was sie gehört hat. Damit gewinnt sie etwas Zeit, um Frau Meisters Befindlichkeit einschätzen und sich auf die neue Situation einstellen zu können.

„Das ist ärgerlich, dass hier die Sachen wegkommen."

Die begleitende Person spiegelt im zweiten Schritt das Gefühl, das Frau Meister empfindet.

Frau Meister kann nur auf der Ebene der Gefühle begegnet werden, da sich für sie der Sachverhalt so und nicht anders darstellt und auf Grund ihrer Demenz auch nicht verrückbar ist.

Der Sachverhalt aus der Perspektive der begleitenden Personen muss hier in den Hintergrund treten.

„Ja, eine Unverschämtheit."

„Empörend, die Kette ist weg."

„Ob die wirklich geklaut ist?"

Die begleitende Person gibt Frau Meister recht. Sie bestätigt aber nicht, dass die Kette gestohlen wurde. Die begleitende Person gibt Frau Meister vorsichtig zu bedenken, ob die Kette wirklich gestohlen sein kann.

„Was soll denn sonst sein?"

Frau Meisters Ärger klingt etwas ab, denn jemand nimmt sie ernst und kümmert sich um ihr Anliegen.

„Ich habe auch schon oft was vermisst."

„Das ist ärgerlich."

„Manches findet sich wieder."

Die begleitende Person spricht von ihren Erfahrungen mit verschwundenen Dingen. Damit reduziert sie die Aufregung von Frau Meister noch ein Stück mehr.

Gleichfalls bestätigt sie, dass man sich ärgert, wenn etwas verschwindet. Aber Dinge können eben auch wieder auftauchen.

„Meinen Sie?"

„Sollen wir beide mal sehen, ob wir sie finden? Vier Augen sehen mehr als zwei."

Erst die wertschätzende Begleitung, in der Frau Meisters Gefühle von Ärger und Empörung bestätigt werden, macht es möglich, dass Frau Meister den Vorschlag annimmt, die Kette gemeinsam zu suchen. Ohne diese Wertschätzung würde dieser Vorschlag an Frau Meisters Ärger abprallen. Das alte Sprichwort: „Geteiltes Leid ist halbes Leid" trifft auch auf erlebte Gefühle zu. Werden diese von einem anderen Menschen anerkannt, dann nimmt ihre Intensität ab.

Würde aber die begleitende Person Frau Meister mit der Tatsache konfrontieren, dass die Kette nicht gestohlen sei, sondern nur verkramt, dann wäre Frau Meister nicht nur über den Diebstahl der Kette verärgert. Zusätzlich würde sich Frau Meister über die Unverschämtheit ärgern, dass die begleitende Person ihr nicht glaubt. Nicht anerkannte Gefühle können sich verstärken.

Das Beispiel von Frau Meister zeigt, dass Menschen mit einer Demenz, die „falsche" Dinge behaupten, nur auf der Gefühlsebene begegnet werden kann. Hier können sie Erleichterung und Beistand erleben.

Frau Amsel sucht ihre Mutter

Frau Amsel hat vieles aus ihrem Leben vergessen oder kann sich nur noch schwer an Lebensereignisse erinnern. Den größten Teil des Tages lebt sie wieder in den Jahren ihrer frühen Kindheit. Frau Amsel sitzt meistens in „ihrem" Sessel, der allein auf dem Flur steht. Frau Amsel macht häufig einen traurigen Eindruck. Besuch bekommt sie sehr selten. Ihre Kinder wohnen weit weg. Mit den anderen Bewohnerinnen hat sie keinen Kontakt.

Sie beobachtet alles, was auf dem Wohnbereich passiert. Immer wenn jemand an ihr vorübergeht, ruft sie:

„Haben sie meine Mutter gesehen? Wo ist meine Mutter?
Wenn meine Mutter nur hier wäre."

Eine begleitende Personen könnte Frau Amsel entgegnen:

> „Sie sind jetzt 86 Jahre alt. Rechnen Sie mal aus, wie alt ihre Mutter jetzt sein müsste, wenn die noch leben würde."

Frau Amsel wird eine abstrakte rationale Überlegung abverlangt, die sie nicht leisten kann. Frau Amsels Gefühle werden missachtet. Der begleitenden Person fehlt Verständnis für Frau Amsels Lebenssituation.

Da Frau Amsel wenig Zuwendung bekommt und ihren Gedanken überlassen ist, wünscht sie sich eine Person, die sich um sie kümmert. Ihr Bedürfnis nach Zuwendung, Begleitung und Trost drückt sie durch die Suche nach ihrer Mutter aus. Frau Amsel erfährt sich wieder als Kind, das sich die sorgende Mutter wünscht. Sie ist unglücklich und traurig, da sie ihre Mutter nicht finden kann. Sie fühlt sich verlassen. Frau Amsels Bedürfnis nach Sicherheit und Geborgenheit, das sich in ihrem Verhalten ausdrückt, sollte von der begleitenden Person anerkannt werden.

Um mit Frau Amsel in Kontakt zu kommen, ist es wichtig, mit ihr auf gleicher Augenhöhe zu sprechen, um dadurch ihre Aufmerksamkeit zu gewinnen. Frau Amsel benötigt eine an ihren verbliebenen Erfahrungsmöglichkeiten angepasste Kommunikation. Um mit ihr zu sprechen, sollte sich die begleitende Person neben oder vor sie in die Hocke setzen. Sie sollte Frau Amsel eventuell vorsichtig an der Hand oder dem Arm berühren, damit sie die begleitende Person spüren kann und ein erlebbarer Kontakt entsteht. Dann sollte die begleitende Person mit einfachen Worten und kurzen Sätzen langsam und deutlich sprechen.

Wie die begleitende Person Frau Amsel antworten könnte:

- „Die Mutter soll kommen. Wo kann die nur sein?"
- „Wenn die Mutter nur hier wäre."
- „Sie sind ganz unglücklich, dass Sie ihre Mutter nicht finden."
- „Dass die Mutter nicht da ist, macht Sie ganz traurig."
- „Sie sind ganz allein. Jetzt müsste die Mama da sein."
- Frau Amsel in den Arm nehmen und drücken: „So alleine und verlassen. Es ist auch nicht leicht für Sie."
- „Frau Amsel, ich kann die Mama auch nicht herbringen."

- „Jetzt bin ich bei Ihnen." Und eventuell Frau Amsel nach einer Zeit des Wartens in den Arm nehmen.
- „Wollen wir beide mal schauen, ob die Tische noch abgewischt werden müssen."

Was die begleitende Person vermeiden sollte:

- „Frau Amsel, ihre Mutter ist schon lange tot. Sie leben jetzt hier in einem Altenheim."
- „Frau Amsel, lassen Sie doch das ewige Fragen. Sie stören die anderen Bewohnerinnen."
- „Frau Amsel, die wird schon kommen."

Die begleitenden Personen sollten in Zukunft Frau Amsels Tag strukturieren und sie in eine Beschäftigung einbinden. Ist sie zu oft allein und einsam, dann ist sie ausschließlich ihren Gedanken und Erinnerungen ausgesetzt.

Herr Werner braucht den Werkstattschlüssel

Herr Werner hatte eine kleine Tischlerei, die jetzt sein Sohn betreibt. Der Sohn erzählt, dass sein Vater immer sehr pflichtbewusst gewesen sei.

Herr Werner kommt morgens aus seinem Zimmer – bekleidet mit Schlafanzug und Mantel. Er ist sehr aufgeregt. Mehrere Kleidungsstücke hängen über Herrn Werners Arm. Er kramt in den Taschen seines Mantels und ruft einer begleitenden Person zu:

> „Ich finde den verdammten Schlüssel nicht. Ohne den Schlüssel komme ich nicht in meine Werkstatt. Können Sie mir sagen, wo mein Schlüssel ist? Ich muss doch zur Arbeit!"

Herr Werner ist nach dem Aufwachen nicht zur Gegenwart orientiert. Er war Tischler, das ist die in seinem Langzeitgedächtnis gespeicherte Lebenserfahrung, an der er sich zurzeit orientiert. Herr Werner ist ein Tischler, der in seine Werkstatt muss.

Die begleitende Person sollte dieser Erfahrung entgegenkommen und Herrn Werner als einen berufstätigen Mann respektieren, der seiner Pflicht jetzt nachgehen muss – und der, weil er das gerade nicht kann, beunruhigt und aufregt ist.

Der Kontakt zu Herrn Werner sollte vorsichtig aufgebaut werden. Damit ein Gespräch mit ihm gelingen kann, muss er etwas ruhiger werden. Dies kann die begleitende Person dadurch bewirken, dass sie sich zunächst auf das Tempo von Herrn Werner einlässt und eine Weile mit ihm geht, um dann langsamer zu werden. Erst jetzt beginnt sie das Gespräch: „Guten Morgen, Herr Werner. So früh schon auf den Beinen?"

Was die begleitende Person Herrn Werner sagen könnte:

- „Der Schlüssel ist weg, und Sie müssen in die Werkstatt."
- „Ohne Schlüssel kommen Sie nicht in die Werkstatt."
- „Sie müssen jetzt zur Arbeit. Ich soll Ihnen helfen, den Schlüssel zu finden."
- „Sie sind ganz aufgeregt, dass der Schlüssel weg ist."
- „Wenn der Schlüssel nicht da ist, dann ist das auch ärgerlich."
- „Sie können nur arbeiten, wenn Sie in Ihre Werkstatt kommen."
- „Anziehen müssen Sie sich aber auch noch."
- „Im Schlafanzug können Sie schlecht zur Arbeit gehen."
- „Soll ich Ihnen helfen, dass Sie erst einmal in die Kleider kommen?"

Was die begleitende Person vermeiden sollte:

- „Herr Werner, Sie brauchen doch nicht zur Arbeit. Sie sind schon seit zwölf Jahren Rentner."
- „Jetzt ziehen Sie sich erst mal an. Den Schlüssel suchen wir dann später."

Sie sollte sich Herrn Werner nicht in den Weg stellen und ihm die Kleider wegnehmen mit der Aufforderung: „Wir gehen uns jetzt erst mal anziehen und nachher gehen wir schön frühstücken."

Frau Fröhlich muss für ihre Kinder kochen

Wenn Frau Fröhlich eine begleitende Person sieht, dann läuft sie immer hinter ihr her und lässt sie nicht in Ruhe. In alle Bewohnerzimmer will sie mit hinein und sie kommt ständig in das Dienstzimmer. Sie sagt dann ganz aufgeregt:

> „Ich muss nach Hause. Meine Kinder kommen gleich aus der Schule. Ich habe noch kein Essen für meine Kinder gekocht."

Die Kinder von Frau Fröhlich erzählen, dass die Familie sehr wenig Geld gehabt habe, als sie klein waren. Immer etwas zu Essen auf den Tisch zu bekommen, sei für Frau Fröhlich nicht leicht gewesen. Ihre Sorge war groß, dass nicht genug Essen da ist.

Frau Fröhlich ist wieder die Mutter, die sich um ihre Kinder sorgt. Sie hat nur Gedanken daran, dass ihre Kinder gleich zu Hause sind und nichts zu essen haben. Frau Fröhlich muss jetzt sofort nach Hause und für ihre Kinder kochen.

Es muss akzeptiert werden, dass Frau Fröhlich wieder Mutter ist, die besorgt darüber ist, ob ihre Kinder etwas zu essen bekommen. Frau Fröhlich ist sehr aufgeregt und sehr unruhig. Die begleitenden Personen müssen mit ihren Tätigkeiten innehalten, sich ihr vollständig zuwenden und versuchen mit ihr in Ruhe zu sprechen. Einfache Worte sollten die Gefühle der sich sorgenden Mutter spiegeln.

Was die begleitende Person Frau Fröhlich antworten könnte:

- „Sie sind ganz in Sorge, dass die Kinder nichts zu essen bekommen. Ganz aufgeregt sind Sie."
- „Als Mutter hat man immer viel Arbeit, dass etwas auf den Tisch kommt."
- „Ihre Kinder haben es gut, dass Sie eine solche Mutter haben, die sich um alles kümmert."
- „Was essen Ihre Kinder denn am liebsten?"
- „Wie kochen Sie denn Linsensuppe?"
- „Bei uns zu Hause gab es immer ..."

Was die begleitende Person vermeiden sollte:

- „Frau Fröhlich, Sie sind schon eine alte Frau, Ihre Kinder sind schon erwachsen, die kümmern sich um sich selbst, für die müssen Sie nicht mehr kochen."

Ziel des Gesprächs ist es, Frau Fröhlich über das Thema Essen zu einem anderen Thema zu führen, was ihr helfen könnte, an etwas anderes zu denken als ausschließlich an ihre Kinder. Gleichwohl wäre es gut, wenn Frau Fröhlich über eine Tätigkeit (z.B. Staubwischen oder Fegen) anders in den Tagesablauf eingebunden werden könnte. Für sie gilt das Gleiche wie für Frau Amsel. Ein strukturierter Tag mit interessanten Betätigungen verhindert, dass die alten Lebenserfahrungen immer wieder vergegenwärtigt werden.

Herr Gärtner topft um

Herr Gärtner hat alle Blumentöpfe von der Fensterbank auf den Tisch gestellt. Er nimmt eine Blume nach der anderen aus ihrem Topf und legt sie auf den Tisch. Da er sich nicht mehr daran erinnert, wie er Blumen aus einem Topf bekommt, reißt er sie mit aller Gewalt aus der Erde. Die Blumen bieten ein Bild der Zerstörung. Zu einer Frau, die am Tisch sitzt, sagt er:

„Das muss ja auch jemand machen. Die Töpfe sind viel zu klein."

Herr Gärtner hat in seinem Leben seinem Namen alle Ehre gemacht. Er hatte einen Schrebergarten und war Vorsitzender im Kleingartenverein. Seine Frau erzählt, dass er jede freie Minute im Garten verbracht habe und dass die Blumen sein Ein und Alles gewesen seien.

Eine begleitende Person geht zu Herrn Gärtner und könnte sagen:

- „Herr Gärtner, ich sehe Sie kümmern sich wieder um unsere Blumen."
- „Ich werden Ihnen helfen, Ihren Arbeitsplatz wieder aufzuräumen."
- „Zusammen können wir sehen, wie wir die Blumen wieder eintopfen können."

Die begleitende Person pflanzt gemeinsam mit Herrn Gärtner die Blumen, die noch zu gebrauchen sind, wieder ein. Bei den Blumen, die zerstört sind, sind beide sich einig, dass die nicht mehr zu gebrauchen sind und auf den Kompost gehören.

Herr Adam sammelt Schuhe

Herr Adam geht in die Zimmer des Wohnbereichs und sammelt alle Schuhe ein, die er dort finden kann. Er trägt sie dann in sein Zimmer und stellt sie ordentlich in einer Reihe entlang der Wand auf den Boden. Wenn die begleitenden Personen ihm die Schuhe wegnehmen wollen, dann wird er sehr ärgerlich und sagt:

„Die sind noch nicht fertig. Ich kann ja auch nicht mehr als arbeiten. Lassen Sie die Schuhe da stehen, die kommen später dran."

Herr Adam war von Beruf Schuhmacher.

Die Pflegende, die auf der Suche nach den Schuhen einer Bewohnerin ist, antwortet:

- „Als Schuhmacher hat man auch viel zu tun."
- „Immer sind Schuhe zu reparieren."
- „Ich wollte die Schuhe von Frau Meier holen, die hat keine Schuhe mehr, die sie anziehen kann."
- „Es sind die braunen hier vorne, sind die wohl noch zu benutzen?"

Gemeinsam schauen sie sich die Schuhe an. Nach längerer Beratung meint Herr Adam, dass man die jetzt wohl noch eine Zeit lang anziehen könnte, bis sie dann aber wirklich zur Reparatur müssten.

Damit Herr Adam viele Schuhe um sich haben kann, ohne immer die Schuhe der anderen Bewohnerinnen und Bewohner einsammeln zu müssen, wurden alte Schuhe aus der DRK-Kleidersammlung besorgt.

Frau Rettich ist im Restaurant
Frau Rettich sitzt am Mittagstisch und rührt das Essen nicht an. Auf die Frage, ob sie denn keinen Appetit habe, sagt sie:

„Ich kann hier nicht essen. Ich habe kein Geld, um zu bezahlen."

Die begleitende Person antwortet:
- „Sie machen sich Sorgen wegen der Bezahlung."
- „Heute müssen Sie nicht zahlen."
- „Ihr Sohn Norbert hat schon alles bezahlt."
- „Lassen Sie sich unser Essen gut schmecken."

Frau Rettich glaubt immer, in einem Restaurant zu sein. Nach dem Essen bedankt sie sich jedes Mal und sagt, wie gut ihr das Essen geschmeckt habe und wie sie sich freue, dass ihr Sohn Norbert sich so gut um sie kümmern würde.

Frau Klotz hat kein Bett
Frau Klotz läuft den Flur rauf und runter. Für einen kurzen Augenblick setzt sie sich auf ein Sofa, steht dann aber schnell wieder auf und setzt ihr Laufen fort. Frau Klotz macht einen sehr unruhigen und getriebenen Eindruck. Immer wieder spricht sie Pflegende und Bewohnerinnen an und sagt mit aufgeregter Stimme:

„Ich habe hier kein Bett. Wo soll ich denn schlafen?"

Die begleitende Person antwortet:
- „Sie sorgen sich, wo Sie hier schlafen könnten."
- „Hier finden Sie sich gar nicht zurecht."
- „Das verunsichert einen auch, wenn man keinen sicheren Platz hat."
- „Hier erscheint Ihnen alles fremd."
- „Sollen wir beide mal schauen, ob wir ein Bett für Sie finden?"

Frau Klotz wird in das Tagesprogramm integriert, um ihr mehr Sicherheit und Orientierung zu geben.

Herr Rost fühlt sich gestört
Herr Rost sitzt in seinem Zimmer und hört Musik. Da er nicht gut hört, ist die Musik sehr laut. Eine begleitende Person klopft an seine Tür, um Herrn Rost zum Abendbrot zu holen. Herr Rost kann das Klopfen nicht hören und antwortet nicht. Herr Rost ist aber auch oft verärgert, wenn eine andere Person sein Zimmer betritt. Als die begleitende Person das Zimmer betritt, steht Herr Rost laut schimpfend aus seinem Sessel auf:

„Was wollen Sie in meiner Wohnung? Wie sind Sie hier reingekommen? Machen Sie, dass Sie rauskommen."

Die begleitende Person reagiert:
- „Sie sind ganz erschrocken, dass ich plötzlich hier auftauche."
- „Ich wollte Ihnen nur sagen, dass es Abendbrot gibt."

Wenn Herr Rost keine Anzeichen von Orientierung zeigt, dann zieht sich die begleitende Person immer zurück.
- „Entschuldigung, ich will Sie nicht stören."
- „Ich gehe wieder."

Zeigt Herr Rost auf die ersten beiden Sätze Anzeichen von Orientierung, dann kann das Gespräch wie folgt weitergeführt werden:
- „Da ist man auch ganz ärgerlich, wenn plötzlich ein fremder Mensch im Zimmer auftaucht."
- „Ich wollte Sie nicht erschrecken."
- „Das Abendbrot ist fertig."
- „Sie können zum Essen kommen."

Herr Neuman ist am falschen Ort
Herr Neumann kommt mit schnellem Schritt einer begleitenden Person auf dem Flur entgegen und hält diese am Arm fest. Sichtbar verängstigt und unruhig sagt er:

„Was soll ich hier machen? Wo bin ich hier eigentlich? Wo finde ich denn mein Büro?"

Herr Neumann lebt erst wenige Tage im Altenheim. Er fragt oft, wie er hierhergekommen sei und wo er sich denn hier eigentlich befinde. Herr Neumann war bei der Stadtverwaltung beschäftigt und hat dort in vielen unterschiedlichen Abteilungen gearbeitet.

Die begleitende Person reagiert auf das Verhalten von Herrn Neumann:

- „Herr Neumann, hier kommt Ihnen alles fremd vor."
- „Ein Haus, das Sie gar nicht kennen."
- „Sie sind ganz verunsichert, wo Sie hier sein könnten."
- „Als Angestellter der Stadtverwaltung kommt man viel rum."
- „Sie haben sicher schon in vielen Häusern gearbeitet."
- „Was ist denn Ihre Arbeit bei der Stadt?"

Wird Herr Neumann auf seine Arbeit angesprochen, dann erzählt er erst einmal, was er bei der Stadt tut. Nach einem kleinen Moment des Gesprächs ist er meistens so beruhigt, dass man ihn darüber informieren kann, dass er im Haus am Berg ist. Oft sagt er dann, dass er sich das Haus mal in Ruhe anschauen will, um zu wissen, ob denn auch alles in Ordnung sei.

Frau Steiner will nach Hause

Eine begleitende Person geht mit Frau Steiner zu ihrem Zimmer. Im Zimmer angekommen ist Frau Steiner ganz erschrocken und ruft laut und aufgeregt:

„Das ist nicht meine Wohnung. Was soll ich hier?
Bringen Sie mich in meine Wohnung."

Die begleitende Person sagt darauf:

- „Jetzt sind Sie ganz erschrocken, dass Sie in einem fremden Zimmer sind."
- „Sie sind ganz aufgeregt, dass dies nicht Ihre Wohnung ist."
- „Ihre Wohnung ist bestimmt schöner als dieses Zimmer."
- „Eine eigene Wohnung ist doch etwas, was man braucht."
- „Wie ist denn Ihre Wohnung?"

Das Gespräch könnte dann den folgenden Verlauf nehmen:

„Wie viele Zimmer haben Sie denn?“

„…“

„So eine Wohnung macht sicher viel Arbeit.“

„…“

„Sie brauchen bestimmt immer viel Zeit, um alles sauber zu halten.“

„…“

Schnell dreht sich das Gespräch um die Wohnung, das Sauberhalten und andere Dinge des Lebens. Dadurch, dass die begleitende Person auf Frau Steiners Gefühle eingeht und das Thema des Gesprächs Frau Steiners Wohnung ist, beruhigt sie sich. Der begleitenden Person gelingt es, Frau Steiner auszuziehen und ins Bett zu bringen.

Frau Kleine vermisst ihren Vater
Frau Kleine sitzt in ihrem Sessel und döst vor sich hin. Eine begleitende Person geht an ihr vorbei. Plötzlich fragt Frau Kleine:

„Wann kommt eigentlich mein Vater? Der müsste doch schon längst hier sein.“

Frau Kleine hat bis zum Alter von 36 Jahren bei ihrem Vater gelebt. Der Vater war Witwer und Frau Kleine hat seinen Haushalt geführt.

Die begleitende Person wendet sich Frau Kleine zu und hockt sich vor den Sessel, damit sie auf Augenhöhe mit ihr sprechen kann.

- „Ihr Vater fehlt Ihnen.“
- „An den müssen Sie immer denken.“
- „Wo der jetzt wohl sein könnte?“
- „Ich weiß auch nicht, wo der jetzt ist.“
- „Es ist schön, wenn man Menschen hat, an die man gerne denkt.“

Die Pflegende drückt zum Abschied die gefalteten Hände von Frau Kleine und sagt ihr, dass sie wiederkommen wird.

Herr Bertram vermisst seine Schwester
Herr Bertram sitzt mit den anderen Bewohnern beim Frühstück. Eine begleitende Person reicht ihm den Brotkorb. Herr Bertram nimmt sich ein Brötchen und fragt besorgt:

„Hat meine Schwester schon gefrühstückt? Die habe ich noch nicht gesehen?"

Herr Bertram hat die letzten vierundzwanzig Jahre vor seinem Einzug in das Altenheim mit seiner Schwester zusammengelebt. Die Schwester ist im vergangenen Jahr gestorben.
Die begleitende Person sagt zu Herrn Bertram:

- „Ihre Schwester habe ich auch nicht gesehen."
- „Sie denken immer ganz fürsorglich an ihre Schwester."
- „Geschwister müssen zusammenhalten."
- „Was isst ihre Schwester gerne zum Frühstück?"

Das Gespräch entwickelt sich langsam in die Richtung, dass über Vorlieben und Abneigungen beim Frühstück gesprochen wird. Nachdem das Brötchen für Herrn Bertram gerichtet ist und er zu essen beginnt, denkt er nicht mehr an seine Schwester.

Frau Einstein wischt den Tisch ab

Frau Einstein hat fünf Kinder und acht Enkel. Sie hat bei ihrer jüngsten Tochter gelebt und dort den Haushalt geführt. Ihre Tochter hat zwei Kinder, ist alleinerziehend und berufstätig. Frau Einstein hat ihre beiden Enkel versorgt und wurde somit lebenslang als Hausfrau gebraucht.

Frau Einstein steht am Esstisch und wischt mit einem Unterhemd über den Tisch.

Es wird Zeit, den Tisch zum Mittagessen zu decken. Frau Einstein soll ihre Tätigkeit beenden und ihren Platz am Tisch verlassen. Eine begleitende Person geht zu Frau Einstein und bittet sie mit dem Wischen aufzuhören, um den Zugang zum Tisch freizumachen.

Die begleitende Person hat Teller mitgebracht und spricht Frau Einstein an:

- „Sie sorgen dafür, dass hier der Tisch sauber wird."
- „Hausfrauen haben immer zu tun."
- „So ein Haushalt hält einen auf Trab."
- „Der Tisch muss jetzt gedeckt werden."
- „Hier sind die Teller, helfen Sie mir."

Die Pflegende reicht Frau Einstein die Teller und zeigt ihr den Platz, wo sie diese abstellen soll. Gemeinsam decken sie den Tisch.

Herr Eisenbart trägt Möbel herum

Herr Eisenbart hat in einem kleinen Ort gelebt und dort gemeinsam mit seiner Frau ein Einrichtungsgeschäft betrieben. Bereits vor seinem Einzug in das Altenheim hat er den Laden durcheinandergebracht. Frau Eisenbart konnte das Geschäft nicht mehr führen, wenn ihr Mann im Laden war. Gegen ihre Versuche, ihn aus dem Laden fernzuhalten, hat er sich vehement gewehrt. Er war weiterhin davon überzeugt, alles richtig zu machen.

Herr Eisenbart trägt immer wieder Stühle, Sessel und kleine Möbel durch den Wohnbereich.

Den ganzen Tag räumt er herum. Als Herr Eisenbart gerade den Fernseher hochhebt, der noch an der Steckdose und dem Antennenkabel angeschlossen ist, kommt eine begleitende Person. Sie will Herrn Eisenbart von seinem Vorhaben abbringen.

Die begleitende Person geht rasch auf Herrn Eisenbart zu und sagt: „Vorsicht mit dem Fernseher, ich fasse schnell mit an."

Die begleitende Person fasst mit an und hindert so Herrn Eisenbart daran, den Fernseher wegzutragen.

- „Noch einmal absetzen, dann kriegen wir ihn besser zu fassen."
- „So lassen wir ihn mal erst stehen. Wir machen gleich weiter."
- „Bevor wir weitermachen, lassen Sie uns erst was trinken."

Beide gehen in die Küche und trinken etwas. Die begleitende Person spricht mit Herrn Eisenbart über seine Arbeit, sein Geschäft, über die Ausstattung einer Wohnung mit Möbeln und was man dabei beachten sollte. Immer wenn Herr Eisenbart über seine Tätigkeit als Verkäufer reden kann, erlebt er sich als kompetent und ist nicht mehr so unruhig.

Frau Helmreich wird auf der Toilette aggressiv
Frau Helmreich muss in regelmäßigen Abständen auf die Toilette geführt werden, wo sie sowohl beim Auskleiden als auch zur richtigen Benutzung der Toilette Anleitung und Unterstützung braucht. In den meisten Fällen lässt sich Frau Helmreich auch helfen. Es kommt aber auch immer mal wieder vor, dass sie nach dem Öffnen der Kleidung, also dann, wenn sie entblößt dasteht, die begleitenden Personen schlägt und kratzt.

Frau Helmreich ist nie verheiratet gewesen. Sie hat allein gelebt und sei nach Aussage ihrer Schwester ganz in ihrem Beruf als Lehrerin aufgegangen. Sie sei immer sehr eigen und streng gewesen.

Die begleitenden Personen wollen Frau Helmreich zeigen, dass sie ihre Scham und Verunsicherung wahrnehmen, und handeln folgendermaßen:

- „Das ist Ihnen unangenehm, wenn ich mit Ihnen zur Toilette gehe."
- „Ich sehe, wie Sie sich schämen, wenn ich ihren Schlüpfer herunterziehe."
- „Das ist ihnen sicher schrecklich peinlich, wenn ich Sie so nackt sehe."
- „Ja, es ist schrecklich. Es ist schlimm, was Sie mitmachen müssen."

Wenn die begleitenden Personen die Gefühle wiedergeben, die sie bei Frau Helmreich wahrnehmen, und sie dann langsam und achtsam entkleiden, reagiert Frau Helmreich nicht abwehrend. Wichtig ist hierbei, ruhig und einfühlend zu sein. Wenn Frau Helmreich Anzeichen von Verunsicherung zeigt, dann verlangsamen die begleitenden Personen ihr Vorgehen, um Frau Helmreich Zeit zu lassen sich zu orientieren.

Frau König sucht ihren Mann

Frau König kommt einer begleitenden Person im Flur entgegen und stellt sich ihr in den Weg. Aufgeregt umklammert sie deren Oberarm und sagt:

„Haben Sie meinen Mann gesehen? Wo der wieder steckt?
Ich möchte doch wissen, wo der sich wieder rumtreibt?"

Die Kinder von Frau König erzählen, dass die Ehe der Eltern nicht einfach gewesen sei. Herr König habe viel in Kneipen gesessen und soll auch die eine oder andere Liebschaft gehabt haben.

Die begleitende Person kennt die Biografie und antwortet:

- „Ihr Mann ist wieder nicht zu finden."
- „Wo der sich wohl wieder rumtreibt?"
- „Sie sind in Sorge, was ihr Mann wohl wieder anstellt."
- „Mit Männern hat man es nicht leicht."
- „Wenn man Männer mal braucht, dann sind sie nicht da."
- „Wenn sie da sind, dann kann man sie auch nicht immer gebrauchen."

Frau König sehnt sich nicht nach ihrem Mann, sondern macht sich Sorgen, was er wieder anstellen könnte. Deshalb kann man auch mit Frau König über Männer lästern. Während des gemeinsamen Lästerns verbessert sich ihre Stimmung und sie sucht ihren Mann nicht mehr.

Herr Robbe spricht nur noch von der Arbeit auf dem Hof
Herr Robbe hat die meisten Erinnerungen an sein Leben verloren. Er spricht nur noch wenig und wenn, dann über den Bauernhof, auf dem er sein Leben verbracht hat. Nur wenn eine begleitende Person direkt bei ihm sitzt, teilt er etwas mit. Um sein Thema zu finden, benötigt Herr Robbe immer einen Anstoß. Und nach ein paar Worten verfällt er wieder in Schweigen. Es ist an seinen körperlichen Reaktionen zu sehen, dass ihm der Kontakt und die Erinnerung offensichtlich gut tun.

„Ja, der Hof …"

Die begleitende Person gibt das Thema vor, an das sich Herr Robbe noch erinnern kann. Sie unterstützt (z.B. durch ein Foto), dass seine Erinnerungen im Gedächtnis wachgerufen werden. Lange Pause.

„Auf`m Hof … viel Arbeit."

Herr Robbe freut sich immer, wenn er auf den Hof angesprochen wird. Er hebt den Kopf und schaut die begleitende Person an.

„Da war viel Arbeit."

Die begleitende Person wiederholt hier nur die Aussage von Herrn Robbe, um die Fortsetzung des Gesprächs zu unterstützen. An Details kann Herr Robbe sich bei seinem ausgeprägten Erinnerungsverlust nicht mehr erinnern. Deshalb sollte nicht danach gefragt werden.

„Ja, immer."

Herr Robbe bestimmt die Richtung, in die sich das Gespräch entwickelt.

„Immer beschäftigt."

Die begleitende Person wiederholt nur den Satz von Herrn Robbe und folgt ihm damit in seine Erinnerungen.

„Faul, nee …"

Das Lebensthema Arbeit ist tief in Herrn Robbes Gedächtnis eingeschrieben.

„Faul sind Sie nicht."

Die begleitende Person bestätigt Herrn Robbes Stolz.

„Tiere …"

„Die Tiere, ja …"

Die begleitende Person folgt Herrn Robbe, indem sie seine Worte wiederholt.

„Immer …"

Hier beendet Herr Robbe das Gespräch. Sein Blick wendet sich von der begleitenden Person ab.

Herr Rübe nimmt es so, wie es kommt

Herr Rübe spricht nur noch wenige Worte. Er äußert sich nur noch in einfachen Floskeln. Sein Sohn sagt, dass sein Vater auf dem Bau gearbeitet und schon immer wenig gesprochen habe. Wenn sich eine begleitende Person zu ihm setzt und ihn anspricht, dann entwickelt sich immer das gleiche Gespräch. Ebenso wie bei Herrn Robbe sieht man, dass Herrn Rübe der kurze Kontakt guttut. Der Verlauf des Gespräches ist ein Ritual, das Herrn Rübe mehrere Male am Tag angeboten wird. Da er auf seinen Nachnamen nicht mehr reagiert, wird er mit seinem Vornamen Karl angesprochen.

Die begleitende Person setzt sich und beginnt das Gespräch:

„Karl, wie ist es so?"
„Ich nehm's, wie's kommt."
„Du nimmst, was kommt."
„Was soll ich sonst?"
„Ja, was kannste machen."
„Es is', wie's is'."
„Kann man nichts machen ... Karl, ich muss wieder."
„Mach mal."

Frau Siepe und Frau Lutz wandern über den Wohnbereich
Frau Siepe und Frau Lutz gehen die meiste Zeit des Tages eingehakt über den Wohnbereich. Beide Frauen sind sehr verwirrt und desorientiert. Sie wissen nicht, wo sie sind. Sie benötigen Hilfe bei den meisten alltäglichen Verrichtungen. Der Kontakt zueinander bedeutet ihnen sehr viel. Ist eine von ihnen zuerst am Frühstückstisch, dann wartet sie, bis die andere kommt, und sie beginnen gemeinsam zu essen. Immer, wenn sie auf ihren Wanderrunden einer anderen Person begegnen, sprechen sie sie an. Da sie diese Begegnung schon nach kurzer Zeit wieder vergessen haben, wiederholt sich tagtäglich mehrmals ein ähnlicher Dialog wie der folgende:

„Wir gehen dann mal wieder."
„Sie gehen jetzt. Ja, gut."
„Wir wollen uns mal umsehen."
„Sie wollen sich mal umsehen. Hier gibt es einiges zu sehen."
„Ja, wir gehen."
„Dann noch einen schönen Tag."

Frau Siepe und Frau Lutz sollten nicht gefragt werden, wo sie denn hinwollen oder was sie denn suchen. Menschen mit einer Demenz können ihr Handeln nicht begründen. Sie verstehen, dass sie gefragt wurden, und sind beschämt, wenn sie nicht antworten können. Es sollte auch nicht darauf hingewiesen werden, dass man sich schon zum wiederholten Mal begegnet.

Herr Specht gibt nur noch Laute von sich

Herr Specht hat seine sprachlichen Fähigkeiten verloren und kann sich nur noch mit Lauten und körpersprachlichen Signalen mitteilen. Da der Sinn dessen, was er mitteilen will, nicht erkennbar ist, kann sein Verhalten nur noch gespiegelt werden.

Herr Specht: „Da hinten … ja, da.“ (zeigt in die Zimmerecke)
„Da, da …“ (lacht laut)
„Ja, da … da hinten.“ (begleitende Person in der Hocke neben Herrn Specht)
Herr Specht: (wendet den Kopf zu der begleitenden Person und lacht)
„Ja, da … da.“ (klopft mit der Hand auf den Tisch und lacht laut)

Am „Gespräch“ hat Herr Specht immer viel Spaß und freut sich, wenn so der Kontakt mit ihm gesucht wird.

8.3 Beistand, Erleichterung und Anteilnahme anbieten

Die Lebensprobleme von Menschen mit einer Demenz können nicht überwunden werden. Die beständige Suche nach dem verstorbenen Ehemann oder das Verlangen nach einem Zuhause, das es nicht mehr gibt, kann nur begleitet werden. Durch Beistand und Anteilnahme kann die Situation für den Betroffenen zwar leichter werden, aber eine Lösung wird es nicht geben. Eine Einsicht in die tatsächlichen Gegebenheiten – der Mann ist verstorben, die Wohnung ist aufgelöst und der neue Wohnort ist das Altenheim – kann nicht vermittelt werden. Das Suchen und Verlangen wird immer wieder aufs Neue beginnen.

Die Person erlebt bewusst die Entwicklung und Auswirkungen ihrer Einschränkungen und Verluste.

– Nehmen Sie die Verzweiflung und Verstörung der Person als Reaktion auf die von ihr aktuell erlebte Lebenssituation wahr.
– Nutzen Sie Ihr Einfühlungsvermögen, um sich in die Lebenssituation der Person zu versetzen.
– Fragen Sie sich, welche Gefühle und Empfindungen Sie hätten, wenn Sie in der Situation wären. Erspüren Sie, in welcher Stimmung die Person sein und aus welcher Perspektive sie die Welt sehen könnte.

Die Person kann sich nicht erklären, was ihr zustößt. Sie ist verunsichert, verzweifelt, ängstlich und angespannt. Sie ist ihren Erfahrungen und Gefühlen hilflos ausgeliefert.

– Seien Sie als begleitender Mensch für die Person echt und präsent, sodass sie sich bei Ihnen aufgehoben, geborgen und sicher erlebt.
– Achten Sie bei der Person auf die erlebten Gefühle und Empfindungen.
– Beobachten Sie die Körperhaltung, Gestik und Mimik, den Tonfall und das Sprechtempo der anderen Person. Beachten Sie die Bewegungen des Körpers, der Arme und die sprechenden Hände.
– Hören Sie aufmerksam zu, was die Person zu Ihnen sagt. Denn in der Begegnung mit Menschen ist das Zuhören ein Weg, um von den Sicht-

weisen, Bedürfnissen und Gefühlen der anderen Person zu erfahren und diese besser zu verstehen. Zuhören schafft die Voraussetzung, um sich auf andere Menschen einzustellen und eine Beziehung zu ihnen aufzubauen.

– Geben Sie der anderen Person deutliche Signale, dass Sie sich ihr ganz zuwenden und aufmerksam zuhören: Sie sitzen der Person direkt auf Augenhöhe gegenüber und berühren achtsam ihre Hand.

– Während Sie zuhören, kommentieren Sie nicht, was Ihnen erzählt wird und sprechen Sie nicht über Ihre Meinung zum Thema. Hören Sie einfach zu. Beurteilen, bewerten und interpretieren Sie nicht.

– Wenn die Person durch Ihre Unterstützung die Gelegenheit hat, das auszusprechen, was sie bewegt und welche Gedanken und Gefühle sie hat, dann entlastet und erleichtert sie das.

– Sorgen Sie für Situationen, in denen die Person Ruhe und Entspannung erlebt.

– Spielen Sie der Person gezielt und nur für eine begrenzte Zeit vertraute oder entspannende Musik vor.

– Sorgen Sie dafür, dass die Person bequem sitzt oder liegt.

– Schaffen Sie eine ruhige Raumatmosphäre.

– Setzen Sie angenehme Düfte, Massagen, Einreibungen, ein Fußbad oder anderes ein.

– Stellen Sie Schmuse- und Kuscheltiere, Puppen oder anderes zur Verfügung, um die Menschen mit einer Demenz sich kümmern und auf die sie ihre Gefühle übertragen können.

8.4 Den sozialen Kontakt fördern

Die Person hat nicht mehr ausreichende sprachliche Fähigkeiten. Sie kann soziale Kontakte nicht wie gewohnt gestalten und von sich aus herstellen. Sie verliert den Kontakt zu anderen Menschen und vereinsamt und isoliert.

Eine zugewandte Haltung eröffnet das Gespräch.

– Suchen Sie den Kontakt zu der Person und gestalten Sie aktiv die Begegnung mit ihr:

– Wenn Sie der Person begegnen, dann sprechen Sie sie immer an oder suchen Sie den körperlichen Kontakt zu ihr.

– Setzen Sie sich zu ihr. Beginnen Sie ein Gespräch oder schaffen Sie dadurch Gesprächsanlässe, dass Sie gemeinsam z.B. Fotoalben ansehen, Bilderbücher oder Bücher zur Zeitgeschichte.

– Gestalten Sie ein lebendiges Alltagsleben, in dem die Personen der Lebensgemeinschaft zueinanderfinden können:

- Fördern und unterstützen Sie den sozialen Kontakt und das Zusammenleben durch gemeinsame Aktivitäten (z.B. angeleitete hauswirtschaftliche Tätigkeiten, gemeinsame Mahlzeiten mit festen Tischgemeinschaften, Spiele, Feiern oder Feste).
- Sorgen Sie immer wieder für die Integration Einzelner in die soziale Gruppe, für die Tagesgestaltung und für gemeinsame Aktivitäten.
- Unterstützen Sie die Angehörigen, sich in das Alltagsleben im Wohnbereich zu integrieren.
- Unterstützen Sie die Angehörigen eine Beziehung aufzubauen, die den vereinfachten Erfahrungs- und Handlungsmöglichkeiten der Person mit einer Demenz angepasst ist.

9 Alltägliche Verrichtungen unterstützen und die Versorgung sicherstellen

In den meisten Fällen erkennen Menschen mit einer Demenz ihre Bedürfnisse nicht mehr und ebenso wenig ihre Hilfsbedürftigkeit. Und was man nicht mehr kennt, das kann man auch anderen Personen nicht mehr mitteilen. Menschen mit einer Demenz brauchen andere Personen, die ihre Bedürfnisse und Bedarfe wahrnehmen, Personen, die dafür sorgen, dass sie gesichert versorgt werden. Menschen mit einer Demenz geraten somit in eine zunehmende Abhängigkeit zu anderen Menschen [→Kap. 7.1].

Die begleitenden Personen sollten immer verantwortlich im Sinne des Menschen handeln, der nicht mehr eigenständig für seine Existenz sorgen kann. Dies setzt voraus, dass sie sein Verhalten und Erleben genau beobachten, Kenntnisse der Biografie erwerben und mit den Angehörigen eng kooperieren. Im Sinne eines anderen Menschen fürsorglich handeln bedeutet, dass die begleitenden Personen die Bedürfnisse des Betroffenen mit einer Demenz ständig beobachten und daran gemessen den aktuellen Hilfebedarf stets neu aushandeln.

Begleitende Personen spielen auch eine beaufsichtigende, anleitende Rolle. Sie zerlegen komplexe Handlungsmuster in einzelne Teilschritte und überlegen, welche Hilfen notwendig sind, damit diese von Menschen mit einer Demenz erinnert werden können. Immer wieder beobachten sie und probieren sie aus, wie Menschen mit einer Demenz in Handlungen einbezogen werden können. Sie übernehmen also gewissermaßen die Aufgabe eines geistigen und körperlichen Hilfs-Ichs und die fehlenden Funktionen des Gedächtnisses.

Wenn Menschen mit einer Demenz selber keine Vorstellung mehr davon haben, dass sie eingeschränkt und behindert sind, dann sollte die Unterstützung so unaufdringlich wie möglich sein. Ihnen sollte das Gefühl vermittelt werden, dass sie eigentlich alles selber machen. Es sollte so lange wie möglich ihr Empfinden gestärkt werden, dass sie für ihre Versorgung selbst verantwortlich sind.

9. 1 Das Handeln beaufsichtigen, anleiten und unterstützen

Die folgenden Hilfeformen wie Beaufsichtigung, Anleitung, Unterstützung und teilweise vollständige Übernahme sind den Richtlinien der Spitzenverbände der Pflegekassen zur Begutachtung von Pflegebedürftigen aus dem Elften Buch des Sozialgesetzbuches entlehnt:

Beaufsichtigung bedeutet, die Sicherheit von Menschen mit einer Demenz und die sachgerechte Durchführung von Handlungen zu gewährleisten. Beaufsichtigung ist dann notwendig, wenn nur die ständige Anwesenheit einer begleitenden Person die Durchführung und die Kontrolle täglicher Verrichtungen sicherstellt.

Anleitung von Menschen mit einer Demenz bedeutet, sowohl einzelne Handlungsschritte als auch den ganzen Handlungsablauf anzuregen, zu steuern oder zu demonstrieren. Zur Anleitung gehört auch Motivation zu wecken zur selbstständigen Übernahme regelmäßig wiederkehrender Verrichtungen des täglichen Lebens.

Unterstützung bedeutet, Menschen mit einer Demenz noch so lange wie möglich zu befähigen, Verrichtungen des täglichen Lebens selbstständig durchzuführen. Hierzu gehört auch sie dabei zu unterstützen, die verfügbaren Hilfsmittel richtig zu nutzen. Eine Unterstützung liegt dann vor, wenn Gegenstände und Materialien, die zur Durchführung einer täglichen Verrichtung notwendig sind, bereitgestellt und in der richtigen Reihenfolge angereicht werden. Ebenso gehört die Reinigung bzw. das sachgerechte Einordnen und Entfernen der Materialien dazu.

Teilweise Übernahme bedeutet, dass die begleitenden Personen den Teil einer Verrichtung des täglichen Lebens übernehmen, den Menschen mit einer Demenz nicht mehr ausführen können, oder dass sie eine teilweise selbstständig ausgeführte Verrichtung vollenden.

Im Einzelfall besteht bei Menschen mit einer Demenz, die noch über ausreichend verbliebene Fähigkeiten verfügen, die Hilfestellung aus einer Kombination von Beaufsichtigung, Anleitung und Unterstützung.

Die Person orientiert sich vor allem an Ausstrahlung und Stimmung der Menschen, die sie anleiten und unterstützen. Sie weiß nichts über die guten Absichten der sie begleitenden und pflegenden Menschen.

– Spenden Sie menschliche Zuwendung innerhalb der Hilfestellung. Sorgen Sie dafür, dass die Person Vertrauen zu Ihnen findet und bereit ist, von Ihnen Speisen und Getränke anzunehmen.
– Achten Sie auf Ihre eigenen Gefühle und Stimmungen, von Vorteil ist eine ruhige gelassene Haltung ohne Zeitdruck und Hektik.
– Verlieren Sie nicht den mitmenschlichen Kontakt zu der Person. Sie sollten während der Hilfe und Unterstützung immer für die Person spürbar und erlebbar bleiben.

Die Person behält die Anleitungen oder Aufforderungen nur noch sehr kurz im Gedächtnis.

– Führen Sie die Person bei allen Anleitungen und Unterstützungen schrittweise durch die Abfolge der Handlung.

Die Person kann die alltäglichen Situationen nur schwer erkennen. Sie benötigt für das Erinnern und Erkennen vertraute Hinweise.

– Sorgen Sie für alltägliche Situationen, die von der Person gut wiedererkannt werden können:

- Bereiten Sie die Speisen und die Mahlzeiten für die Person gut sichtbar und mit ihrer Beteiligung zu.
- Gestalten Sie den Tisch für die Mahlzeiten einladend und gut erkennbar. Orientieren Sie sich hierbei an den alltäglichen Lebensweisen und Gewohnheiten der Person.
- Gestalten Sie den Tisch nur dann reizarm, wenn die Person durch eine Vielzahl von Reizen überfordert ist.
- Machen Sie die Mahlzeiten zu einem sozial und sinnlich erfahrbaren Ereignis.

Die Person hat Erinnerungslücken bei der Durchführung der täglichen Verrichtungen.

– Fördern Sie die verbliebenen Erfahrungs- und Handlungsmöglichkeiten der Person, in dem Sie sich als Hilfs-Ich anbieten:

- Unterstützen Sie die Durchführung und Steuerung der alltäglichen Verrichtungen, indem Sie die fehlenden Impulse des Gehirns ersetzen. Leiten Sie die Person sprachlich an, machen Sie ihr etwas vor oder berühren Sie ihre zu bewegenden Körperteile.

Die Person gewöhnt sich an gleich bleibende Abläufe.

– Entwickeln Sie für die Person Rituale und feste Abläufe bei der Durchführung alltäglicher Verrichtungen und wiederkehrender Ereignisse:

- Reichen Sie Kleidung, Speisen oder Hilfsmittel zum Waschen nach festen Mustern an.
- Machen Sie Handlungen immer auf die gleiche Art vor.
- Sprechen Sie sich mit anderen begleitenden Personen ab, damit der Mensch mit einer Demenz immer auf die gleiche Art und Weise angeleitet und unterstützt wird.

Die Person hat nur noch vereinfachte Handlungsmöglichkeiten. Sie kann sich nicht mehr an den sozialen Normen und Werten orientieren. Sie ist nicht mehr fähig, ihr eigenes Handeln zu korrigieren.

– Achten und respektieren Sie das vereinfachte Verhalten und Handeln der Person.

– Unterstützen Sie das Essen mit den Fingern, indem Sie entsprechende Speisen anbieten.

– Bieten Sie einer unruhigen Person Speisen so an, dass sie während des Gehens essen kann.

– Korrigieren Sie die Person respektvoll und unaufdringlich nur dann, wenn sie mit Ihnen kooperieren will.

– Lassen Sie Unordnung und zeitweilige Unsauberkeit, an der Sie sich eigentlich stören, zu. Und lassen Sie dies die Person nicht spüren.

Die Person schämt sich, wenn sie während der körperlichen Versorgung entblößt wird. Sie wehrt die körperliche Versorgung ab.

– Begegnen Sie der Scham und Angst, welche die Person empfindet, wenn sie entblößt wird, achtsam und einfühlend:

- Nehmen Sie die Person mit ihren Nöten und Empfindungen wahr und fühlen Sie sich in ihre Situation ein.
- Sprechen Sie stellvertretend für die Person die Gefühle aus, die sie möglicherweise empfindet. Sie zeigen ihr so, dass Sie ihre Gefühle und Empfindungen wahrnehmen.
- Entblößen Sie nur die Körperteile, die für die Versorgung notwendig sind (auch beim Duschen kann ein nasses Handtuch die Scham verringern). Manchmal ist die Körperwaschung im Bett liegend für die Person angenehmer als die vollständige Entblößung im freien Raum.

9.2 Den Menschen einbeziehen und mit ihm kooperieren

Die Person erlebt sich geachtet, anerkannt und wertgeschätzt, wenn sie in die alltägliche Versorgung einbezogen wird. Dies führt zu einer deutlich erhöhten Bereitschaft zu kooperieren.

Die Person kann nur noch erschwert Entscheidungen auf der Ebene der gedanklichen Vorstellungen treffen.

– Übernehmen Sie die Vorbereitung und Planung der alltäglichen Verrichtungen, aber beziehen Sie die Person in die Durchführung mit ein.
– Verhandeln Sie mit der Person, die Sie versorgen, achtsam und unaufdringlich über die Annahme von Hilfe, Unterstützung und anstehende Entscheidungen.
– Übernehmen Sie nur die Handlungen, die von der Person nicht mehr eigenständig ausgeführt werden können.

Erleichtern Sie der Person Entscheidungen zu treffen:

- Zeigen Sie ihr die Getränke und fragen Sie, was sie sich zu trinken wünscht.

- Zeigen Sie den Brotbelag auf einer Aufschnittplatte und helfen Sie auswählen.
- Stellen Sie die Speisen sichtbar auf den Tisch und lassen Sie diese auswählen.
- Zeigen Sie zwei Kleidungsstücke zur Auswahl.

Die Person ist nicht bereit, die angebotene Hilfe und Unterstützung anzunehmen.

– Akzeptieren Sie, dass Ihre Hilfe von der Person nicht gewollt wird:
  - Erhöhen sie Ihre Anstrengungen nicht, wenn Hilfe abgelehnt wird.
  - Bieten Sie abgelehnte Hilfe zu einem späteren Zeitpunkt erneut an.
  - Tolerieren Sie Unvollkommenheiten bei der Kleidung und beim Essen, wenn die Person keine Hilfe von Ihnen annehmen will.
  - Verteilen Sie Speisen auf mehrere Zeitpunkte, wenn die Person zu den Hauptmahlzeiten nicht ausreichend isst.

Die Person orientiert sich an ihrer alten Lebensführung und ihren alten Lebenserfahrungen.

– Beziehen Sie die Wünsche, Vorlieben und Abneigungen der Person in die Begleitung und Pflege mit ein.

Die Person ist in ihren Fähigkeiten und ihrem praktischen Handeln sehr langsam. Sie verweigert die Kooperation, wenn sie durch zu schnelle Anleitung und zu hohe Anforderungen überfordert wird.

– Passen Sie sich bei der Unterstützung von Tätigkeiten und alltäglichen Verrichtungen dem Takt und dem Tempo der Person an.

9.3 Die Versorgung sicherstellen und Fürsorge übernehmen

Die geistigen und praktischen Fähigkeiten von Menschen mit einer Demenz können so weit eingeschränkt sein, dass ihre Versorgung vollständig von den begleitenden Personen übernommen werden muss.

Vollständige Übernahme bedeutet, dass die begleitenden Personen alle Verrichtungen ausführen, die Menschen mit einer Demenz nicht mehr ausführen können. Die Betroffenen können dann keine Verrichtungen mehr selber ausführen und verhalten sich passiv.

Die Person ist in vielen Lebensbereichen abhängig von der Hilfe und Unterstützung anderer Menschen.

– Übernehmen Sie für die Person verantwortlich nur die Maßnahmen und Verrichtungen, die ihre Unversehrtheit bewahrt und ihre Existenz sichert, also Maßnahmen, die notwendig sind und die die Person nicht mehr einsieht, oder die sie selbst nicht mehr durchführen kann.
– Machen Sie sich immer wieder Ihre Verantwortung bewusst, wenn Sie Personen versorgen, die keine Einsicht mehr über die Notwendigkeit ihrer Versorgung haben:

- Reflektieren Sie regelmäßig alle Planungen und Maßnahmen der Begleitung und Pflege mit Ihrem Team.
- Kooperieren Sie mit den Angehörigen bei der Begleitung und Pflege. Sprechen Sie ihr Handeln mit ihnen ab.

Die Person ist durch ihre Einschränkungen und Verluste körperlich und psychisch gefährdet.

– Richten Sie Ihre Aufmerksamkeit besonders auf die Lebensbereiche der Person, in denen große Risiken drohen:

- Kontrollieren Sie regelmäßig alle wichtigen vitalen Funktionen.
- Beobachten und dokumentieren Sie alle Veränderungen des Gesundheitszustandes.
- Planen und beaufsichtigen Sie bedarfsgerecht die Versorgung mit Nahrung und Flüssigkeit sowie die Einnahme von Medikamenten.

- Dokumentieren Sie regelmäßig das Gewicht und wie viel Flüssigkeit die Person aufnimmt.
- Setzen Sie spezielle Beobachtungsverfahren ein welche helfen, Gangunsicherheiten, das Risiko eines Sturzes oder eines Dekubitus sowie Schmerzzustände einzuschätzen.

Die Person hat keine Einsicht in die Notwendigkeit von Hilfe.

– Sorgen Sie für eine vertrauensvolle Beziehung zu der Person, bevor Sie sie anleiten und unterstützen. Nur so kann sie die Bereitschaft entwickeln, mit Ihnen zu kooperieren.
– Wenn Sie die Person versorgen, dann orientieren Sie sich immer an deren Bereitschaft, mit Ihnen zu kooperieren und an unmittelbar drohender Gefahr:
– Sieht die Person nicht ein, dass sie Hilfe braucht, dann wird sie in diesem Moment auch nicht mit Ihnen kooperieren. Wenn keine unmittelbare Gefahr droht, dann brechen Sie Ihr Vorhaben lieber ab. Starten Sie nach kurzer Zeit einen zweiten, bisweilen dritten Versuch.
– Muss die Person versorgt werden, weil ihre Unversehrtheit gefährdet ist und gelingt es vorher nicht, eine für die Person sichere Beziehung zu gestalten, in der sie bereit ist mit Ihnen zu kooperieren, dann führen Sie die Versorgung zu zweit durch. Eine solche Situation ist z.B. dann gegeben, wenn die Person mit Kot und Urin verschmutzt ist und eine Reinigung abwehrt. Eine Pflegende wendet sich der Person emotional zu. Dabei kann es hilfreich sein, die Gefühle und Empfindungen der Person stellvertretend auszusprechen, um ihre Empörung und Abwehr abzumildern. Die zweite Pflegende führt dann die notwendige Versorgung zügig durch.
– Sie sollten darauf verzichten, die Person über die Notwendigkeit der Versorgung aufzuklären oder an ihre Einsicht zu appellieren. Damit erhöhen Sie eher ihre Verwirrtheit und Abwehr.

Die Person gefährdet sich durch ihr Verhalten.

– Erst wenn Sie alle anderen Möglichkeiten der Begleitung und Pflege vollständig ausgeschöpft haben, greifen Sie zu Maßnahmen wie die Eingrenzung von Freiheit oder die medikamentöse Einflussnahme.

9.4 Beispiel: Essen und Trinken anleiten und unterstützen

Eine sichere Beziehung schaffen

Die Person hat Schwierigkeiten, die angebotene Hilfe und Unterstützung zu erkennen, sie versteht die Situation nicht. Sie ist durch eine Situation verwirrt, unruhig oder desorientiert.

– Wenden Sie sich zuerst dem Menschen zu und nehmen Sie mit ihm Kontakt auf:

- Sprechen Sie die Person mit dem ihr vertrauten Namen an.
- Berühren Sie die Person achtsam, aber deutlich spürbar.
- Suchen Sie den Blickkontakt auf Augenhöhe.
- Sprechen Sie alte Lebenserinnerungen oder die in der Situation erlebten Gefühle und Empfindungen an.

– Spenden Sie menschliche Zuwendung innerhalb der Hilfestellung.
– Sorgen Sie dafür, dass die Person Vertrauen zu Ihnen findet und bereit ist, von Ihnen Speisen und Getränke anzunehmen.
– Achten Sie auf Ihre eigenen Gefühle und Stimmungen, von Vorteil ist eine ruhige, gelassene Haltung ohne Zeitdruck und Hektik.
– Verlieren Sie nicht den mitmenschlichen Kontakt zu der Person. Sie sollten während der Hilfe und Unterstützung immer für die Person spürbar und erlebbar bleiben.

Die Kommunikation und Verständigung anpassen

Die Person kann die sprachlichen Anleitungen bei der Unterstützung beim Essen und Trinken nicht mehr ausreichend oder gar nicht verstehen.

– Sprechen Sie mit einfachen Worten und kurzen Sätzen.
– Lassen Sie der Person Zeit um zu verstehen, was Sie gesagt haben.
– Wiederholen Sie mit den gleichen Worten, was Sie der Person sagen wollen.
– Machen Sie körpersprachlich deutlich, was Sie der Person mitteilen möchten (z.B. am Tisch selber etwas essen oder trinken, zeigen, wie der Löffel bzw. das Messer geführt werden muss, beim Essenanreichen deutlich sichtbar den eigenen Mund öffnen).

Den Menschen einbeziehen und mit ihm kooperieren

Die Person kann ihre Wünsche nicht mehr ausreichend mitteilen. Sie hält an ihren alten individuellen Vorlieben und Abneigungen fest.

– Zeigen Sie der Person die Speisen zur Auswahl (z.B. Brotkorb, Aufschnittplatte) und helfen Sie ihr bei der Entscheidung.
– Führen Sie gemeinsam mit der Person die Tätigkeiten aus (z.B. den Löffel oder das Glas in die Hand geben und die Hand der Person zum Mund führen).
– Geben Sie der Person Zeit, damit sie ihre Fähigkeiten erinnern und einsetzen kann.
– Passen Sie sich bei Ihrer Hilfe und Unterstützung dem Tempo und dem Takt der Person an.
– Erstellen Sie eine Biografie zu den Ess- und Trinkgewohnheiten der Person.
– Beziehen Sie die Gewohnheiten und Vorlieben bei der Zubereitung und dem Angebot an Speisen und Getränken mit ein.
– Beteiligen Sie die Person an der Vorbereitung der Mahlzeiten (z.B. Zubereitung der Speisen, Tischdecken).
– Bereiten Sie die Speisen und Getränke unter Beteiligung oder im Beisein der Person zu, sodass sie sehen kann, was Sie tun.
– Bieten Sie Ihre Hilfe und Unterstützung so diskret und unaufdringlich wie möglich an. So bewahren Sie die Person davor, dass sie ihre Abhängigkeit so stark spürt.

Das Handeln beaufsichtigen, anleiten und unterstützen

Die Person kann sich nur noch schlecht erinnern, was sie zur Durchführung der alltäglichen Verrichtungen tun muss (z.B. werden Butter, Marmelade oder Aufschnitt einzeln gegessen, das angereichte Brötchen wird in die Tasse mit Tee getunkt). Sie erkennt die Speisen nicht, beginnt nicht zu essen oder steht immer wieder vom Tisch auf. Sie erkennt das Geschirr oder Besteck nicht und kann die Gegenstände, die zum Essen gehören, nicht richtig benutzen (z.B. dreht sie das angereichte Besteck in der Hand und legt es auf den Tisch zurück).

Die Person führt ein Glas oder den Löffel immer wieder zum Mund und bricht auf halbem Wege die Handlung ab. Sie vergisst immer wieder zu essen und zu trinken.

Sie weiß nicht, wo es die Mahlzeiten gibt und sucht die Wohnküche oder den Speisesaal. Sie hat Probleme, den Abstand der Gegenstände zum eigenen Körper richtig einzuschätzen (die Tasse, das Glas und das Besteck auf dem Tisch werden nicht gefunden).

– Sorgen Sie für die ständige Beaufsichtigung bei den täglichen Verrichtungen.
– Leiten Sie die Person Schritt für Schritt durch den Ablauf der täglichen Verrichtungen.
– Aktivieren Sie die Durchführung des Essens und Trinkens durch einfühlsames Mithandeln (Tasse, Glas oder Besteck in die Hand geben und die Hand zum Mund führen, das Messer mit der Butter über das Brot führen).
– Geben Sie orientierende Hinweise. Zeigen Sie die Gegenstände oder Speisen, wenn es um die Auswahl geht, nutzen Sie hinweisende Gesten und zeigen auf die Speisen, die gegessen werden sollen, geben Sie Besteck und greifbare Speisen in die Hand, bieten Sie Speisen und Getränke zum Probieren an.
– Unterbrechen Sie die Person nicht, wenn sie eine Tätigkeit ausführt. Verlangen Sie von der Person nicht, dass sie zwei Tätigkeiten gleichzeitig ausführen soll (z.B. essen und zwischendurch Medikamente nehmen).
– Richten Sie die Aufmerksamkeit der Person immer wieder auf das Essen oder Trinken.
– Ermutigen Sie und fordern Sie immer wieder geduldig zum Essen und Trinken auf, wenn die Person ihr Handeln abbricht.
– Bieten Sie bei erkennbarer Überforderung die einzelnen Speisen nach und nach an.
– Führen Sie die Anleitung und Unterstützung bei einer Person immer in der gleichen Art und Weise durch. Kontrollieren Sie Speisen und Getränke auf ihre Temperatur.
– Führen Sie ein Protokoll über die Trinkmenge.
– Geben Sie der Person auf keinen Fall Flüssigkeit zu trinken, wenn der Mund mit Speisen gefüllt ist (Gefahr des Verschluckens!).
– Wenn die Person mit Bewegungen und Tasten nach einem Gegenstand auf dem Tisch sucht, schieben Sie den Gegenstand in die Nähe der Hand.
– Bieten Sie Speisen und Getränke immer direkt von vorn an.

Die Versorgung sicherstellen und Fürsorge übernehmen

Die Person hat einzelne Handlungsschritte aus dem Gedächtnis verloren. Sie kann nicht mehr eigenständig essen und trinken.

– Übernehmen Sie nur die Fürsorge für die Handlungsschritte oder Handlungen, die von der Person nicht mehr gekonnt werden.
– Übernehmen Sie die Verantwortung für die ausreichende Ernährung und Flüssigkeitszufuhr, Beobachtung, Gewichtskontrolle und Protokollführung.
– Treffen Sie fürsorglich und verantwortlich die Entscheidungen, zu der die Person nicht mehr fähig ist.
– Gestalten Sie eine Situation und eine Beziehung zu der Person, in der sie sich wohlfühlt. Die Person muss so viel Vertrauen zu Ihnen haben, dass sie sich Ihnen anvertrauen kann.

Die Erfahrungen und das Erleben wertschätzen und akzeptieren

Die Person vergisst, dass sie schon gegessen hat und behauptet, nichts zu essen bekommen zu haben und möchte etwas zu essen haben. Sie hat keine Vorstellung mehr davon, wann die Mahlzeiten sind und fragt immer, wann es etwas zu essen gibt. Speisen werden verweigert und ausgespuckt. Sie isst mit den Fingern und trinkt nicht mehr sauber und ordentlich. Sie kann ihre Bewegungen nicht mehr zielgenau steuern und verschüttet Speisen und Getränke auf dem Tisch. Sie isst das Essen der gegenübersitzenden Person, weil sie das eigene Essen auf dem Tisch nicht wahrnehmen kann. Sie isst nichts, weil sie sich in einem Restaurant glaubt und das Essen nicht bezahlen kann.

– Respektieren Sie die Unvollkommenheit des Verhaltens und Handelns.
– Akzeptieren Sie, dass mit dem Essen gespielt wird.
– Korrigieren Sie nicht bei Fehlern und Missgeschicken.
– Sehen Sie über Verschmutzungen und Verunreinigungen hinweg und beseitigen Sie diese unauffällig.
– Lassen Sie einfaches Handeln zu (z.B. Essen mit den Fingern, Essen von zerkrümeltem Brot, das getrennte Essen von Wurst, Brot und Butter).
– Diskutieren Sie nicht mit der Person. Versuchen Sie sie nicht von einer vernünftigen Einsicht zu überzeugen.

– Akzeptieren Sie, dass sich die Person in der Einschätzung der Situation irrt, und lassen Sie ihr ihre Überzeugungen (z.B. wenn sie davon überzeugt ist, noch nicht gegessen zu haben. Sagen Sie, dass es Ihnen leidtut, sie übersehen zu haben und geben ihr eine Kleinigkeit zu essen. Personen, die nicht bezahlen können, laden Sie zum Essen und Trinken ein).

Beistand, Erleichterung und Anteilnahme anbieten

Die Person ist traurig oder verstimmt und möchte nicht essen und trinken.

– Nehmen Sie den körperlichen Ausdruck, die Gesten, die Mimik als sinnvolle Botschaften wahr und stellen Sie die Gefühle und Empfindungen der Person in den Mittelpunkt Ihres Handelns.
– Sprechen Sie die Gefühle der Person stellvertretend für sie aus (z.B. „Frau Meier, Sie sehen ganz traurig aus, Ihnen geht es nicht gut heute?").
– Nehmen Sie die Person eventuell in den Arm und trösten Sie sie.
Verhandeln Sie mit der Person, ob sie nicht doch ein wenig essen oder trinken möchte.
– Bieten Sie ihr nur kleine Portionen an.
– Bieten Sie ihr Speisen und Getränke an, die sie besonders gern mag.

Die räumlich-materielle Umgebung anpassen

Die Person erkennt das Essen, Geschirr oder Besteck sowie die Nahrung nur noch mit Schwierigkeiten oder gar nicht. Sie ist mit der Vielzahl von Gegenständen in ihrem Blickfeld überfordert und beginnt nicht zu essen. Einmal abgelenkt, fängt sie nicht wieder an zu essen. Sie kann nicht mehr sagen, was sie bei einer Speise stört (zu warm, scharf, salzig oder sauer), sie spuckt das Essen aus.

Die Person verweigert bitter und sauer wahrgenommene Speisen. Sie nimmt während des Essens die Zahnprothese aus dem Mund. Sie hat Schwierigkeiten, Tassen, Besteck und Speisen zu greifen und festzuhalten. Sie kann durch Kau- und Schluckstörungen Speisen und Getränke nur noch erschwert zu sich nehmen und verschluckt sich häufig. Feste Nahrungsbestandteile werden mit der Zunge herausgesucht, ausgespuckt oder aus dem Mund genommen. Die Person versucht, aufgedruckte Blumen oder Muster von der Tischdecke aufzuheben. Nicht essbare Dinge werden in den Mund genommen und es wird versucht, von ihnen zu essen (z.B. Blumen, Dekoration, Medikamentenbecher). Gefährliche Materialien und Gegenstände werden nicht erkannt.

– Gestalten Sie eine überschaubare wohnliche Umgebung.
– Schaffen Sie eine „sprechende" Raumgestaltung – geben Sie deutliche Hinweise, dass es sich um die Wohnküche handelt (z.B. Töpfe, Küchenutensilien, Obstschale, offene Regale mit Geschirr und Gläsern).
– Gestalten Sie die Mahlzeiten vertraut und alltagsnah (z.B. Speisen in Töpfen oder Schüsseln, Tischdecke).
– Versuchen Sie eine möglichst wenig eingeschränkte Fortführung des gewohnten Alltags. Verwenden Sie wiedererkennbare Alltagsgegenstände, Geschirr, Besteck usw. (kein Schnabelbecher, kein Kunststoffgeschirr).
– Richten und bieten Sie die Speisen in einer für die Person vertrauten und gewohnten Form an.
– Sorgen Sie für eine ruhige Umgebung, die frei ist von ablenkenden Reizen (z.B. Lärm, Radio oder Fernseher, Umherlaufen vieler Personen, spiegelnde Glasflächen). Schaffen Sie Rituale, die fest zu den Mahlzeiten gehören (z.B. Lied singen, Gebet, Trinkspruch).
– Reduzieren Sie im Einzelfall die Anzahl der Gegenstände und Speisen im Blickfeld.
– Bei sich wiederholender Nachfrage nach Essen verteilen Sie den Tagesbedarf an Nahrung auf viele kleine Portionen.

– Beobachten Sie und probieren Sie aus, welche Speisen und Getränke die Person annimmt und wie die Speisen zubereitet sein sollen (z.B. werden süße Speisen und Getränke oft bevorzugt, ebenso angedickte Getränke oder weich gekochte Speisen).
– Geben Sie keine harten Teile der Nahrung mit weichen Speisen gleichzeitig in den Mund. Harte Teile in weichen Speisen behindern das Essen, sie werden beim Kauen nach langem Suchen mit der Zunge aussortiert oder die Speisen werden als Ganzes ausgespuckt.
– Bereiten Sie die Nahrung so zu, dass die Person sie mit den Fingern essen kann (z.B. Fingerfood, Klappbrot).
– Setzen Sie bei Personen, die nur noch mit dem Löffel essen können, Teller oder Schüsseln mit steilem Rand und rutschfester Unterlage ein.
– Bieten Sie Personen, die nicht mehr ausreichend feinmotorisch zufassen können, Becher mit großem Henkel und Besteck mit verstärkten Griffen an.
– Probieren Sie bei Personen mit Schluckstörungen einen Trinkhalm oder eine Flasche mit einem Sauger.
– Sorgen Sie für eine helle, schattenfreie Beleuchtung.
– Achten Sie bei Geschirr, Tischdecken und Tischoberfläche auf einen ausreichenden Farb- und Helligkeitskontrast, sodass sich das Geschirr deutlich vom Untergrund abhebt.
– Sorgen Sie dafür, dass sich auf der Tischoberfläche, Tischdecke oder dem Geschirr keine Blumenmuster oder anderes irritierendes Dekor befindet.
– Sorgen Sie für eine sichere Umgebung, in der die Person keine giftigen oder anders schädigende Materialien oder Gegenstände erreichen kann. Verwenden Sie z.B. Blumen, die nicht giftig sind und gegessen werden können. Nehmen Sie keine Dinge zur Dekoration, die verschluckt werden können. Halten Sie Reinigungsmittel unter Verschluss.

Das soziale Umfeld gestalten

Die Person weiß sich nicht mehr „richtig" zu benehmen und korrekt zu verhalten. Sie sucht mit der Zunge feste Nahrungsbestandteile aus der Speise, nimmt sie aus dem Mund oder spuckt sie aus. Sie fängt nicht wieder an zu essen, wenn sie einmal abgelenkt wurde.

– Sorgen Sie für die ständige Anwesenheit einer anleitenden und unterstützenden Person.
– Sorgen Sie dafür, dass Sie und andere Menschen die Person nicht unterbrechen bei dem, was sie tut.
– Schaffen Sie eine entspannte Atmosphäre, in der sich die Person sicher und geborgen fühlt.
– Sorgen Sie für ein soziales Umfeld, in dem die vereinfachten Fähigkeiten und das unvollständige Verhalten toleriert werden.

Sozialen Kontakt fördern

Die Person ist appetitlos und isst und trinkt nicht ausreichend. Sie ist in der Gruppe isoliert und vereinsamt.

– Gestalten Sie das Essen und Trinken als soziales Ereignis.
– Bilden Sie Gruppen von Personen, die gemeinsam die Mahlzeiten zu sich nehmen.
– Geben Sie den Mahlzeiten einen festlichen Rahmen.
– Feiern Sie viele Feste und schaffen Sie gesellige Anlässe, bei denen gegessen und getrunken werden kann.
– Bereiten Sie mit einer Gruppe von Personen kleine Speisen zu (z.B. Pudding, Obst, einen bunten Salat, Waffeln).

10 Für Tätigkeiten und Beschäftigungen sorgen

10.1 Individuell angepasste, sinnvolle Tätigkeit schafft Lebensqualität

Bei zunehmend eingeschränkten Fähigkeiten des Gedächtnisses wird es für Menschen mit einer Demenz immer schwieriger, sich am Tag zu beschäftigen und diesen sinnvoll auszufüllen. Allerdings wollen sie gern weiter tätig sein und Erfahrungen machen. Wenn begleitende Personen Menschen mit einer Demenz Beschäftigungen anbieten wollen, sodass sie ihre verbliebenen Erfahrungs- und Handlungsmöglichkeiten einsetzen können, dann sollten sie berücksichtigen, dass Menschen mit einer Demenz nur im unmittelbaren Augenblick leben – im Hier und Jetzt. Das Erleben des gegenwärtigen Augenblicks bekommt für sie eine besondere Bedeutung. Der Augenblick wird entweder als sinnvoll und positiv erlebt oder als reduziertes und verarmtes Leben. Wie das Hier und Jetzt von Menschen mit einer Demenz erlebt wird, bestimmt ihre Lebensqualität.

Für Menschen mit einer Demenz wird es notwendig, dass andere Personen den Tag für sie strukturieren und dafür sorgen, dass sie orientiert an ihren individuell verbliebenen Fähigkeiten sinnvolle Erfahrungen machen können. Sie sind desorientierter, verwirrter und unruhiger, wenn sie sich nicht beschäftigen können. Ohne äußere Anregungen und angeleitete Tätigkeiten sind sie ihren Lebenserinnerungen, die ihr gegenwärtiges Erleben bestimmen, schutzlos ausgeliefert. Mit diesen Erinnerungen werden alte Episoden und die damit verbundenen Gefühle und Antriebe wieder wachgerufen, die für sie psychisch (sehr) belastend sein können. Überlässt man Menschen mit einer Demenz der eigenen Desorientierung, dann entwickeln sie Verhaltensweisen, die ihr soziales Umfeld stören und die ihre Begleitung und Pflege erschweren.

Eine gute Begleitung misst sich nicht bloß an einzelnen Veranstaltungen oder besonderen Ereignissen, die Zeiten der Leere und Passivität von Menschen mit einer Demenz durchbrechen. Dem Verlust an innerem Halt bei Menschen mit einer Demenz kann nur dadurch entgegengewirkt werden, indem ihnen kontinuierlich Möglichkeiten der Erfahrung geboten werden. Es ist deshalb erforderlich einen Tagesablauf zu schaffen, der von Phasen gezielter Anregung und von Phasen der Ruhe und Entspannung gekennzeichnet ist.

Individuelle Aktivitäten, die von Personen mit einer Demenz als sinnvoll erfahren werden, lassen sich ihrer jeweiligen Biografie entnehmen oder sollten an ihr gewohntes Alltagsleben anknüpfen. Wichtig bei der Strukturierung des Alltags ist, dass starke Brüche mit den bisherigen Lebenserfahrungen vermieden werden. Der gewohnte Lebensrhythmus, die Vorlieben und Alltagsgewohnheiten von Menschen mit einer Demenz sollten lange aufrechterhalten und weitergeführt werden. Auf diese Weise gelingt es, ihnen auch in einer weitgehend fremden Umgebung Sicherheit und Orientierung zu vermitteln.

Angebote zur Beschäftigung sollten in einen fortlaufenden Tagesablauf integriert und in festen Gruppen direkt an dem Ort angeboten werden, an dem die Menschen mit einer Demenz leben. Wichtig dabei ist, dass eine Person diese Angebote dauerhaft gestaltet. Denn Menschen mit einer Demenz erleben sich in der Beziehung zu den begleitenden Personen sicher und geborgen, die für sie stets anwesend und erreichbar sind. Wird dieses Bedürfnis nicht sichergestellt, dann sind sie ihren schnell wechselnden inneren Impulsen und Ängsten überlassen.

Das Grundgerüst der Tagesstruktur liefern die gemeinsamen Mahlzeiten. Durch sie wird das soziale Zusammenleben gestärkt. Darüber hinaus sollte es an einem Tag noch verschiedene andere Anlässe geben, durch die der Kontakt der Bewohner untereinander gefördert wird. Denn Menschen mit einer Demenz sind nur noch bedingt fähig, von sich aus soziale Kontakte zu suchen und aufrechtzuerhalten. Fehlt ihnen die aktive Ansprache oder werden sie nicht darin unterstützt mit anderen Menschen zusammenzutreffen, drohen sie zu vereinsamen.

Der Alltag einer Wohngruppe darf nicht ausschließlich von organisatorischen Anforderungen bestimmt werden, sondern sollte vor allem an der Individualität und den psychosozialen Bedürfnissen der dort lebenden Menschen ausgerichtet werden. Es gilt die individuellen Bedürfnisse der einzelnen Personen einer Wohngruppe in einen gemeinsamen Tagesablauf zu integrieren. Wenn Menschen mit einer Demenz mit ihren jeweiligen Bedürfnissen nicht wahrgenommen werden, drücken sie durch ihr Verhalten häufig ihren Unmut darüber aus. In der psychosozialen Vernachlässigung liegt die Ursache für viele Konflikte im Zusammenleben und bei ihrer Begleitung und Pflege.

Da sich die Erfahrungs- und Handlungsmöglichkeiten im Verlauf einer Demenz stetig verändern und vereinfachen, sollten Angebote flexibel an die individuellen Fähigkeiten angepasst werden. Hierbei sollte aber berücksichtigt werden, dass Menschen mit einer Demenz, wenn sie in eine Einrichtung der Altenhilfe einziehen, bereits an der Normalität ihres bisherigen Alltags gescheitert sind.

Wenn die Alltagskompetenzen und die für eine normale Lebensführung notwendigen Erfahrungs- und Handlungsmöglichkeiten noch in ausreichendem Maße vorhanden sind, dann können Menschen mit einer Demenz in der für sie gewohnten Haushaltsführung tätig werden. Dagegen sind Personen, die nur noch über sehr einfache Erfahrungs- und Handlungsmöglichkeiten verfügen, mit hauswirtschaftlichen Tätigkeiten wie z.B. dem Kochen überfordert. Sie sind nur noch bedingt zu Tätigkeiten, die einen normalen Alltag kennzeichnen, fähig. Dann werden sie zu Zuschauern in einem Lebensumfeld, in dem ausschließlich die begleitenden Personen die Versorgung übernehmen. In diesem Fall reduzieren sich ihre sensorischen und visuellen Erfahrungen weitgehend darauf, dass sie Kochdünste riechen oder das Tun anderer Personen nachverfolgen. Ihre verbliebenen und einfachen Handlungsmöglichkeiten werden dann nicht aktiviert oder andere Sinne nicht angesprochen. Zudem besteht die Gefahr, dass die begleitenden Personen so fest in die hauswirtschaftliche Versorgung eingebunden sind, dass sie die Bedürfnisse der Betroffenen nach Bindung und Nähe zu einem anderen Menschen nicht wahrnehmen und deshalb eine sichere Begleitung nicht gewährleisten.

Praktische Fähigkeiten werden so lange wie möglich gefördert.

Sind die erworbenen geistigen und praktischen Fähigkeiten überwiegend verloren gegangen, dann verfügen Menschen mit einer Demenz nur noch über Erfahrungs- und Handlungsmöglichkeiten, die vergleichbar mit denen von Kindern am Beginn ihres Lernens sind. Sich wiederholende Bewegungen beispielsweise sind für sie Möglichkeiten, um sich selbst zu spüren oder um überhaupt etwas zu tun. Sie stimulieren dadurch ihre Sinne und zeigen, dass ihre Erlebnisfähigkeit inzwischen ausschließlich auf ihre Körpererfahrungen beschränkt ist. Stetiges Schaukeln vor und zurück stimuliert das Gleichgewichtssystem. Hin- und herlaufen, Kleidungsstücke ausziehen und über die Haut streifen, beständig mit der Hand über Oberflächen wischen, wiederholt auf den Tisch klopfen – alle diese Handlungen helfen, dass sie ihren Körper spüren, und bieten ihnen sinnliche Erfahrungen. Menschen mit einer Demenz müssen sich spüren, ansonsten verlieren sie das Empfinden für ihre Existenz.

Menschen mit einer Demenz spielen mit Puppen, kramen herum, manipulieren Gegenstände, tragen Dinge durch die Gegend oder spielen mit Speisen, die sie nicht als Nahrung identifizieren. Sie laufen viel herum, rufen laut oder schreien einzelne Sätze und Worte. Lustvoll erlebte Handlungen oder Sinneserfahrungen tun sie um ihrer selbst willen.

Wichtig für sie ist nicht die zielgerichtete Tätigkeit, sondern die spürbare sinnliche Erfahrung. Bei diesen Tätigkeiten werden Zufriedenheit und eine Fülle positiver Gefühle erzeugt. Sie sind Ausdruck von Lebendigkeit und ermöglichen mit einfachen Mitteln, sich selbst zu spüren. Etwas Sinnvolles tun dient zur Erfahrung der eigenen Existenz. „Ich tue etwas, bewirke etwas, spüre etwas – also bin ich."

Die Angebotspalette muss Tätigkeiten, Beschäftigungen und Möglichkeiten umfassen, unterschiedliche Erfahrungen sammeln zu können. Dies können Anteile gewohnter hauswirtschaftlicher Tätigkeiten sein, wie z.B. das Zubereiten von Beilagen zu den Mahlzeiten, von einfachen Nachspeisen oder das Backen von Kuchen oder Waffeln. Dies ist aber auch eine gezielte Förderung von Lebenserinnerungen oder Tätigkeiten, die nur noch rein sensorisch erlebt werden können.

„Erinnerungsarbeit" – etwa mit Hilfe von Erinnerungsboxen, in denen persönlich bedeutsame Gegenstände und Bilder gesammelt werden – ruft bei einzelnen Personen Lebenserinnerungen wach, die sonst weiter schlummern würden. Angeregt durch Bilder und Abbildungen in Büchern zur Zeitgeschichte oder durch alte vertraute Haushaltsgeräte lässt sich in der Gruppe in Erinnerungen schwelgen. Hierbei sollte aber immer der persönliche Bezug zum individuellen Leben hergestellt werden. Personen mit einer nur noch einfachen Erlebnisfähigkeit sollten unterschiedliche Gerüche, Gegenstände und Materialien zum Tasten und zum Spielen angeboten werden wie zum Beispiel Stoffbälle, Bürsten, verschiedene Tücher, Bauklötze – Gegenstände also, mit denen sie anregende sensorische und manuelle Erfahrungen machen können.

Grundsätzlich sollte es Menschen mit einer Demenz ermöglicht werden, sich selbstständig zu beschäftigen. Gegenstände und Materialien, die im Lebensumfeld offen zugänglich sind, fördern selbst gewählte Aktivitäten. Kuscheltiere, Puppen, Zeitschriften mit Bildern, Staubtücher, Besen und Kehrblech, Schachteln, die herumgetragen werden können, Garderobe mit Mänteln, Hüten und Handtaschen können das Interesse wecken und eigenständige Aktivitäten anregen.

10.2 Die Lebenserinnerungen unterstützen

Die Person kann sich immer weniger an ihre Lebenserfahrungen erinnern. Sie verliert den Zusammenhang ihrer Identität.

– Erschließen Sie sich die individuelle Lebensgeschichte der Person:
  - Fragen Sie die Angehörigen, die Nachbarn, den Arzt nach der Biografie.
  - Schreiben Sie die Biografie der Person auf und tragen Sie immer das nach, was Ihnen die Person über ihr Leben erzählt. Die für das Erleben der individuellen Identität bedeutsamen Lebensthemen, Aktivitäten und Ereignisse finden Sie in der Biografie.
  - Legen Sie in Zusammenarbeit mit den Angehörigen eine Sammlung mit persönlich bedeutsamen Erinnerungsstücken der Person an sowie ein Erinnerungsalbum (Buch des Lebens).

– Unterstützen Sie die Person, sich an das gelebte Leben und einzelne ihrer Lebenserfahrungen zu erinnern:
  - Fördern Sie die Lebenserinnerungen, indem Sie in Einzelgesprächen oder in Gesprächsgruppen Bezug nehmen auf die Biografie und auf einzelne Lebenserinnerungen.
  - Unterstützen Sie das Erleben der eigenen Individualität, indem Sie persönliche Kleidung, Kosmetik, Schmuck, die Frisur, Parfüms berücksichtigen.

10.3 Die Erfahrungs- und Handlungsmöglichkeiten fördern

Die Person möchte gern etwas tun und sich beschäftigen. Sie hat nur noch einfache Erfahrungs- und Handlungsmöglichkeiten, die verblieben sind.

– Unterstützen Sie das positive Selbsterleben der Person, ihre Freude am Dasein sowie ihr Gespür für ihre menschliche Existenz, indem Sie ihre individuell verbliebenen Erfahrungs- und Handlungsmöglichkeiten aktivieren.

– Stellen Sie das Erleben der Person, ihre Gefühle, Freude und ihren Spaß in den Mittelpunkt und nicht das Erreichen eines „ordentlichen" Ergebnisses.
– Fördern Sie die Freude und den Spaß an den Tätigkeiten und Beschäftigungen, indem Sie die Balance zwischen leistbarer Anforderung und drohender Überforderung beachten.
– Schaffen Sie für die Person einen Tagesablauf, der mit Tätigkeiten ausgefüllt ist, die als sinnvoll erlebt werden:

- Bieten Sie vertraute Tätigkeiten an, die sich an den verbliebenen biografischen Erinnerungen orientieren.
- Schaffen Sie sichtbare Anreize z.B. zum Spülen, Aufräumen, Saubermachen, Wäsche versorgen.
- Fördern Sie die Durchführung von hauswirtschaftlichen Tätigkeiten, indem Sie die Person anleiten und unterstützen.

Die Person sucht, sich selbst zu beschäftigen.

– Sorgen Sie für einen Raum, ein soziales Umfeld, in welchem die Person selbst gewählten Tätigkeiten nachgehen kann, die nicht mehr dem „normalen" Verhalten entsprechen.
– Fördern Sie die Eigeninitiative der Person, sich selbst zu beschäftigen. Halten Sie hierfür gut sichtbare Materialien bereit.
– Akzeptieren Sie das impulsive Handeln der Person, auch wenn es Ihnen „unpassend" und „sinnlos" erscheint.
– Stellen Sie sich unterstützend zur Verfügung, wenn die Person spontane Tätigkeiten ausführen möchte oder ausführt.

Die Person kann sich keine Möglichkeiten der Beschäftigung schaffen. Sie kann nur noch Sinneseindrücke wahrnehmen.

– Sorgen Sie dafür, dass die Person einfache Sinnes- und Körpererfahrungen erleben kann (z.B. Musik, Düfte, Einreibungen).
– Stellen Sie für die vereinfachten Erfahrungs- und Handlungsmöglichkeiten der Person „Spielmaterialien" zur Verfügung (z.B. Bauklötze, Luftballons, Schaumstoff, Zeitschriften, Igelbälle, Material, mit dem „gearbeitet" werden kann).

Öl

11 Rahmenbedingungen schaffen

11.1 Die räumlich-materielle Umgebung anpassen

Ein Lebensumfeld, das ein Leben mit einer Demenz erleichtern, fördern und unterstützen kann, muss sich an den verbliebenen Erfahrungs- und Handlungsfähigkeiten der Betroffenen orientieren. Dies gilt sowohl für die Architektur, die Gestaltung von Innenräumen und die Möblierung sowie für die materielle Ausstattung. Räume sollten so angelegt sein, dass sie die Orientierung unterstützen, Sicherheit ermöglichen und Wohnlichkeit signalisieren.

Menschen mit einer Demenz benötigen überschaubare und in sich abgeschlossene Räumlichkeiten. Lassen sich in der vorhandenen Architektur keine **abgeschlossenen Wohneinheiten** realisieren, so sollten in größeren Bereichen kleinere feste Gruppen von Personen gebildet werden. Jede dieser Personengruppen sollte dann über einen eigenen Raum verfügen, der für die Tagesgestaltung den Mittelpunkt bildet. Abgeschlossen meint nicht die oft übliche abgeschlossene Tür, sondern die räumlich architektonisch geschlossene Einheit, welche Übersichtlichkeit, Orientierung und Sicherheit bietet. Die **Ausgänge** sollten so angelegt und gestaltet sein, dass sie ein Verlaufen ins Freie verhindern.

Menschen mit einer Demenz haben häufig einen gesteigerten Antrieb zum Herumlaufen und -wandern. Bewegung ist eine lange verbleibende Kompetenz und dient oft zur Abfuhr innerer Spannungen. Hierfür benötigen die Betroffenen innerhalb und außerhalb einer Einrichtung ausreichend Raum und Wege, die eine geschützte, sichere Bewegung ermöglichen. Notwendigen **Bewegungsraum** ermöglichen Wandelhallen, Rundwege mit Ruhenischen, die immer wieder an vertraute Orte zurückführen, oder direkt erreichbare Außenanlagen, die mit Sträuchern und Zäunen gesichert sind.

Ausgänge von Wohnbereichen oder Einrichtungen sollten keine **Glastüren** haben. Eine eher unscheinbare Gestaltung mit Gardinen, Vorhängen, dem Einlassen der Tür in eine glatte Wand oder auch das Streichen von Tür und Wand in gleicher Farbe kann verhindern, dass Menschen mit einer Demenz sich verlaufen. Dies zu verhindern, dient nicht allein der Sicherheit oder dafür, den Betroffenen vor körperlichem Schaden zu bewahren. Eine sich verlaufende Person erlebt Verunsicherung, Bedrohung und Angst. Menschen mit einer Demenz sollten davor geschützt werden, den für sie vertrauten Raum zu verlassen. Für die Türen von Funktionsräumen gilt Ähnliches wie für Ausgänge, auch sie sollten schwer erkennbar gestaltet sein und somit für die Bewohner weitestgehend unerreichbar.

Der Umgang mit älteren Gerätschaften fällt leichter als mit modernen.

Räume sollten so gestaltet werden, dass sie Überforderungen und Reizüberflutung verhindern. Lärm reduzierende Materialien können störende Hintergrundgeräusche ausschalten. Persönlich bedeutsame Symbole auf dem Türblatt des privaten Zimmers unterstützen oft mehr die Orientierung als Namensschilder neben der Tür. Eine Gestaltung der Räume mit vertrauten, von Menschen mit einer Demenz **wiedererkennbaren Möbeln** und Einrichtungsgegenständen erhöht die Wohnlichkeit und dient der Orientierung.

Die Beschaffenheit der Möbel und Einrichtungsgegenstände sollte sich am Geschmack der in der Einrichtung lebenden Menschen orientieren. Stammen die Einrichtungsgegenstände aus der Zeit vor einigen Jahrzehnten, dann werden sie von Menschen mit einer Demenz leichter wiedererkannt. Erinnerungen an diese Zeiten sind bei ihnen oft noch lange im Gedächtnis. Markante Möbel und Bilder an wichtigen Orten des Wohnbereichs und der Einrichtung fördern ebenfalls die Orientierung. Verschiedene Bereiche werden an der unterschiedlichen Gestaltung erkannt, nicht durch so genannte Farbleitsysteme. **Farbleitsysteme** können von Menschen mit einer Demenz nicht genutzt werden, da sie deren Systematik nicht mehr lernen. Außerdem können sie diese nicht dauerhaft im Gedächtnis behalten.

Menschen mit einer Demenz halten sich bevorzugt in den öffentlichen Bereichen eines Wohnbereichs bzw. einer Wohngruppe auf. Denn in der Gegenwart anderer Personen sind sie weniger verunsichert und desorientiert. Zentraler Lebensort im Wohnbereich bzw. in der Wohngruppe sollte eine **Wohnküche** sein. Hier finden die Mahlzeiten und alle Aktivitäten des Tages statt. Menschen mit einer Demenz sind auf die Konstanz ihrer Umgebung angewiesen. In Räumen, die sie immer wieder aufsuchen und in denen sie sich ständig aufhalten, entwickeln sie langfristig Vertrautheit. Verunsicherung erleben sie immer dann, wenn sie zu unterschiedlichen Aktivitäten unterschiedliche Räume aufsuchen müssen.

Um verlorene Fähigkeiten zu ersetzen, Aktivitäten anzuregen und das soziale Zusammenleben zu unterstützen, sind ständig anwesende begleitende Personen notwendig. In der Wohnküche, als zentralem Ort des Wohnens im Alltag, sollte deshalb immer eine begleitende Person anwesend sein. Der Raum sollte als Küche und Wohnraum gut erkennbar sein. Durch seine Gestaltung signalisiert er seine Funktion und vermittelt eine Atmosphäre der Wohnlichkeit. Er sollte nicht wie ein Wartesaal oder Aufenthaltsraum wirken. Er sollte Menschen mit einer Demenz das Gefühl vermitteln, in der Einrichtung zu wohnen und zu Hause zu sein und nicht an einem fremden Ort.

Wenn Menschen mit einer Demenz sich in die Obhut einer stationären Einrichtung begeben müssen, dann werden sie nicht in eine Institution „aufgenommen“, sondern sie ziehen um. Einzug ist Umzug und bedeutet, dass **private Möbel** und Einrichtungsgegenstände mit einziehen. Die private Möblierung des eigenen Zimmers ist ein wichtiger Baustein für das Erleben von Vertrautheit und Geborgenheit. Zwar erkennen Menschen mit einer Demenz nicht immer ihre eigenen Sachen, aber sie fühlen die ihnen vertrauten Dinge.

Der öffentliche Raum der Wohnküche und der Flure muss ausreichend beleuchtet werden. Eine schattenfreie **Beleuchtung** mit 500 Lux Beleuchtungsstärke hat sich hierfür bewährt. Die helle Beleuchtung verbessert die emotionale Befindlichkeit und unterstützt die Wahrnehmung und das Erkennen. **Fußbodenbeläge** sollten keine Spiegelflächen bilden und keine starken Kontraste aufweisen, denn starke Helligkeitskontraste werden als Stufen wahrgenommen und hindern die Bewegung.

Ein auf Hochglanz polierter Boden reflektiert Wände und Decken und stört die Wahrnehmung des Raumes. Auch **Flächen aus Glas** sind zu vermeiden, sie reflektieren und stören dadurch das Erkennen und verhindern Sicherheit und Geborgenheit. Ein hinter Glasflächen sitzender Mensch wird zu einer öffentlichen Person, die ständigen Blicken und Kontrollen ausgesetzt ist.

Die funktionalen Gegenstände und Materialien der Versorgung bleiben im Hintergrund und sind nicht leicht erreichbar. Aus diesem Grund sollten die **Funktions- und Lagerräume** gestalterisch nicht dominant in Erscheinung treten. Auch hier sind die Türen stets geschlossen und in derselben Farbe wie die Wand gestrichen.

Neben den Wohnräumen muss noch an Räume für die normalen Bedürfnisse des Lebens gedacht werden – z.B. abgeschlossene Räume, die als **Café oder Kneipe** hergerichtet sind und für Aktivitäten und zur Entspannung und Geselligkeit dienen. Leben in einer kleinen Wohneinheit darf nicht zum Hausarrest werden. So wie im gewohnten Leben gibt es auch Bedürfnisse, die nicht in den eigenen vier Wänden zufriedengestellt werden können.

Die Person kann ihre Erfahrungs- und Handlungsmöglichkeiten besser nutzen, wenn sie durch die Gestaltung der Umgebung gefördert und unterstützt werden.

– Unterstützen Sie die Aufmerksamkeit und Konzentration bei der Person, indem Sie die Reizvielfalt in der Umgebung reduzieren.
– Fördern Sie die Wahrnehmung und das Befinden der Person, indem Sie im öffentlichen Bereich für hell ausgeleuchtete Räume und Flure sorgen. Die Beleuchtung sollte durch blendfreies indirektes Licht erfolgen und starke Schattenbildung vermeiden.
– Gleichen Sie die beeinträchtigte visuelle Wahrnehmung der Person aus, indem Sie für einen in Farbe und Helligkeit einheitlichen Bodenbelag sorgen. Menschen mit einer Demenz nehmen starke Kontraste im Bodenbelag als Stufe bzw. visuelle Klippe wahr.
– Heben Sie die Zimmertüren durch einen deutlichen Farbkontrast von der Wand hervor.

– Schaffen Sie eine für die Person überschaubare Architektur mit übersichtlicher Wegführung und eine erkennbare Gestaltung der Räume („sprechende Architektur“: Die Wohnküche ist sowohl als Küche erkennbar als auch als wohnlicher Ort).
– Verwenden Sie, um die Orientierung der Person zu fördern, eine markante Möblierung und Gestaltung, zum Beispiel durch Bilder, Wandregale, Uhren oder Kleinmöbel auf den Fluren und mit persönlichen Fotografien aus vergangenen Tagen oder Symbolen gekennzeichnete Zimmertüren, die einen Bezug zur Biografie haben. Farbleitsysteme oder ähnliche Hilfen können durch ihre Abstraktheit von Menschen mit einer Demenz nicht genutzt werden.
– Vermeiden Sie Durch- und Einblicke in die bewohnten Räume (z.B. Glastüren), um die Privatsphäre der Person zu schützen.
– Gestalten Sie die Ausgänge so unscheinbar wie möglich, um die Person vor dem Verlaufen zu schützen.

11.2 Das soziale Lebensumfeld gestalten

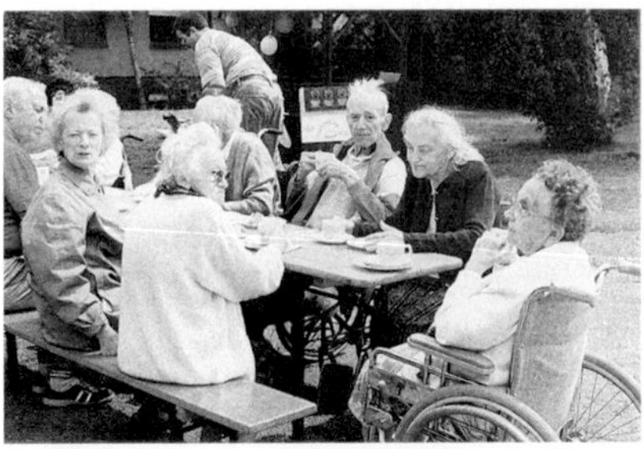

Alltagsleben in geselligem Kontakt

> Die Person erlebt nach dem Zerbrechen der Mensch-Umwelt-Beziehung Sicherheit und Geborgenheit nur noch in sozialer Gemeinschaft und mitmenschlicher Begleitung.

– Sorgen Sie im öffentlichen Raum (Wohnküche, Flure etc.) für die dauerhafte Präsenz und Erreichbarkeit eines Begleiters oder einer Begleiterin, bei der die Person Sicherheit und Geborgenheit erleben kann.

Die Person kann die sozialen Werte und Normen des sozialen Zusammenlebens nicht mehr aufrechterhalten. Sie hat keine gedankliche Kontrolle mehr über spontan einsetzende Handlungsimpulse. Sie hat die Fähigkeit verloren, sich in die Situation anderer Menschen hineinzuversetzen und handelt egozentrisch. Sie erlebt psychosozialen Stress, wenn sie innerhalb des Zusammenlebens Nichtakzeptanz, Zurückweisung oder Beschämung erlebt.

– Organisieren Sie für die Person ein Leben in einer kleinen, überschaubaren sozialen Gemeinschaft.

– Sorgen sie dafür, dass Menschen in einer Gemeinschaft zusammenleben, die zueinanderpassen.

– Berücksichtigen Sie den Anspruch orientierter Menschen auf einen unbelasteten Alltag und ein Zusammenleben, das sich an den gewohnten „normalen" Werten und Normen orientiert. Leben nur Menschen mit einer Demenz zusammen, dann reduziert sich der „soziale Zündstoff" erheblich.

– Legen Sie fest, nach welchem Konzept die Personen in den einzelnen Wohnbereichen oder Wohngruppen Ihrer Einrichtung zusammenleben sollen:

- Sorgen Sie für ein soziales Zusammenleben, in dem die Ansprüche und Rechte aller Personen der Gemeinschaft gewahrt werden können.
- Vermitteln Sie bei Konflikten und Streit, der sich innerhalb der sozialen Gruppe entwickelt.

– Vermeiden Sie, dass (körperliche und psychische) Verletzungen und persönliche Kränkungen innerhalb der sozialen Gruppe entstehen.

12 Arbeitshilfe: Handeln bei herausforderndem Verhalten

Was als „Störung“ des Verhaltens gilt, ist abhängig von den Normen und Werten einer sozialen Gemeinschaft. Die Art und Weise des Verhaltens von Menschen mit einer Demenz und seine Wirkung in den sozialen Situationen des Alltags werden gemessen an den Werten der begleitenden Person und den Normen der versorgenden Institution.

Durch ihre Einschränkungen und Verluste erleben Menschen mit einer Demenz ihr Lebensumfeld oft als fremd und in vielen Teilen bedrohlich [→Kap. 4]. Sie erkennen ihre Umgebung und das Handeln der begleitenden Personen nur noch unzureichend. Ihre Kompetenzen zu einem gewohnten Verhalten vereinfachen sich mehr und mehr durch die zunehmenden Schädigungen des Gehirns und das nachlassende Gedächtnis. Zu einem „normalen“, an die sozialen Situationen angepassten Verhalten und zur Bewältigung der alltäglichen Anforderungen sind sie nicht mehr in der Lage. Einschränkungen bei der verbalen Kommunikation [→Kap. 7.4] führen dazu, dass Menschen mit einer Demenz ihre Probleme, Wünsche und Bedürfnisse nur noch durch ihr Verhalten ausdrücken können.

Auch wenn das Verhalten von Menschen mit einer Demenz nicht mehr den sozialen Werten und Normen entspricht, hat es für die einzelne Person weiterhin seine subjektive und sinnvolle Bedeutung. Das Verhalten bleibt ein Ausdruck ihres psychischen Erlebens und ihrer Lebenserfahrungen.

Verhalten, das nicht mehr den sozialen Werten und Normen entspricht, fordert die begleitende Person auf zwei Ebenen heraus. Zum einen entspricht es nicht ihren gedanklichen Vorstellungen darüber, wie ein Mensch sich verhalten sollte und es berührt ihre Gefühle und Empfindungen. Zum anderen ist sie angehalten, auf das Verhalten mit Verständnis, Einfühlung und kompetentem Handeln zu reagieren.

Aufgabe der begleitenden Person ist es, die Bedürfnisse und Lebenserfahrungen des Menschen mit einer Demenz, die mit dem Verhalten ausgedrückt werden, wahrzunehmen und in ihre Begleitung und Pflege aufzunehmen. Gleichzeitig muss sie ihre eigenen Werte, Gefühle und Empfindungen wahrnehmen, damit sie erkennt, welchen eigenen Anteil sie in die aktuelle Beziehung mitbringt [→Kap. 7]. Herausforderndem Verhalten zu begegnen, erfordert von der begleitenden Person viel Verantwortung und ständige Reflexion.

Im Folgenden werden einige Beispiele für herausforderndes Verhalten und ein möglicher Umgang damit aufgeführt.

Unruhe

Verhalten, das sich beobachten lässt

- Suchen, Herumkramen
- Aufregung, Erregung
- Getriebensein, Ruhe- und Rastlosigkeit
- Herumwerkeln
- Wandern, zielloses Hin- und Herlaufen
- nächtliches Umherlaufen
- Weglaufen
- Nachlaufen

Ursachen, die dem Verhalten zu Grunde liegen können

- Es handelt sich um eine aktive Persönlichkeit.
- Wandern, Umhergehen stärkt das Selbst- und Körpererleben und verbessert oft die Befindlichkeit.
- Gehen, Laufen ist eine lange bestehende Kompetenz, über die eigenständig verfügt werden kann.
- Wandern kann das Suchen nach Verlorenem ausdrücken – die Suche nach Geborgenheit und Sicherheit, nach einer gewohnten Umgebung oder einem vermissten Gegenstand.
- Nachlaufen drückt das Bedürfnis nach vertrauten Personen und der von ihnen erwarteten Sicherheit und Orientierung aus.

- Langeweile und Beschäftigungslosigkeit lassen innere Spannungen entstehen, die abgebaut werden müssen.
- Die eigene Lebenssituation wird wegen der Einschränkungen des Gedächtnisses und des Denkens nicht verstanden.
- Eine unübersichtliche räumliche Umgebung führt zu Desorientierung.
- Es wird nach Sicherheit und Vertrautem gesucht.
- Es handelt sich um Schlafstörungen mit zeitlicher Desorientierung. (Menschen mit einer Demenz können die Uhr nicht lesen und Tag und Nacht nicht mehr unterscheiden. Sind sie erwacht, dann fängt der Tag für sie an.)
- Innere Anspannungen und psychische Belastungen durch das Erleben der Demenz und des veränderten Lebens führen zu Unruhe.
- Es besteht das Verlangen, den unbekannten Ort oder die unwohnliche Umgebung verlassen zu wollen.
- Bei der Bewältigung der alltäglichen Anforderungen werden Überforderungen erlebt.
- Andere Bewohnerinnen und Bewohner verhalten sich aggressiv.
- Eigenständig kann keine Beschäftigung gefunden werden.
- Es herrscht Verärgerung über die Unfähigkeit, die eigenen Absichten und Wünsche mitteilen oder umsetzen zu können.
- Schmerzen und Missempfindungen können nicht mehr den begleitenden Personen mitgeteilt werden.
- Harndrang und die Obstipation werden körperlich empfunden und führen zu inneren Spannungen, lösen aber nicht mehr das entsprechende Verhalten aus.
- Verstimmung, Trauer, Verunsicherung oder Angst werden erlebt.
- Nebenwirkungen von Medikamenten wirken sich aus.

Handeln bei der Begleitung und Pflege

- Einen sicheren „Raum“ zur Bewegung schaffen, z.B. übersichtliche helle Flure, Wandelhalle etc.
- Ausgänge gestalterisch unsichtbar machen
- Bezugsperson benennen und für soziale Kontakte sorgen
- Eine wertschätzende, akzeptierende Beziehung gestalten
- Für die ständige Anwesenheit einer begleitenden Person sorgen, die Orientierung vermittelt
- Orientierungshilfen schaffen: markante Möbel, Gegenstände und Bilder strukturieren die Umgebung, persönlich bedeutsame Symbole kennzeichnen das Zimmer
- Wege einüben durch wiederholtes gemeinsames Gehen, hierbei auf die Besonderheiten der Umgebung hinweisen
- Für als sinnvoll erlebte Beschäftigung sorgen:
  - hauswirtschaftliche Tätigkeiten
  - Material zum Kramen und „Arbeiten“ in offenen Regalen oder Kisten bereitstellen (Tücher, Zeitungen, Bauklötze, kleine Schachtel, Kuscheltiere, etc.)
  - Garderobe mit Mänteln, Hüten und Taschen zum Umziehen
- Tag strukturieren und ein Tagesprogramm anbieten
- Mahlzeiten zu erlebbaren Ereignissen und sozialen Begegnungen machen
- Für eine wohnliche Umgebung sorgen, eine ruhige, vertraute Atmosphäre schaffen
- Person genau beobachten, eventuell eine Beobachtungsskala für die Wahrnehmung von Schmerzen einsetzen
- Für eine ausreichende Versorgung mit Flüssigkeit und für eine gute, bei hohem Bewegungsdrang verstärkte Ernährung sorgen
- Achtung! – Personen mit einer Demenz können durch logische Erklärungen nicht zur Einsicht in ihre Situation gebracht werden – Menschen mit einer Demenz können damit nichts anfangen.
- Adresse in der Kleidung anbringen, aktuelles Foto in der Dokumentation

Verbale Äußerungen

Verhalten, das sich beobachten lässt

- Schreien, lautes Rufen
- Dauerhafte Geräusche, Gequassel, Murmeln, Brummen, Grunzen
- Ständige Wiederholung von einzelnen Worten oder Sätzen
- Wiederholte Fragen
- Fortwährendes Jammern, Wimmern oder Klagen
- Fluchen, Schimpfen

Ursachen, die dem Verhalten zu Grunde liegen können

- Durch ihren Sprachverlust geraten Menschen mit einer Demenz in eine zunehmende Isolation und Vereinsamung.
- Schreien, Laute bilden oder das fortwährende Wiederholen von Sätzen oder Fragen stellen Selbststimulationen dar, die sich entwickeln, wenn Menschen keine Erfahrungen von außen erleben.
- Schmerzen, Missempfindungen, Harndrang oder Obstipation werden körperlich empfunden und führen zu inneren Spannungen, die nur mit Lauten oder Schreien ausgedrückt werden können.
- Das Bedürfnis nach Aufmerksamkeit, Zuwendung und Geborgenheit kann nur noch vereinfacht mitgeteilt werden.
- Die Umgebung und die Lebenssituation werden nicht mehr erkannt, sind fremd, bedrohlich und lassen Angst entstehen.
- Bei Menschen mit Wahrnehmungsstörungen (Hören, Sehen etc.) lösen die unerkannten Sinnesreize Überforderung, Verwirrung und Irritation aus.

Handeln bei der Begleitung und Pflege

- Für mitmenschlichen Kontakt und ein soziales Zusammenleben sorgen
- Die Person immer wieder aktiv aufsuchen und ansprechen
- Den Kontakt und die Beziehung körpersprachlich gestalten (Person berühren, streicheln, in den Arm nehmen etc.)
- Für Sinneserfahrungen sorgen (z.B. basale Stimulation)

- Die Person genau beobachten (z.B. Beobachtungsskala für die Wahrnehmung von Schmerzen einsetzen)
- Für die ständige Anwesenheit einer begleitenden Person sorgen, bei der Sicherheit und Geborgenheit erlebt werden kann
- Der Person emotional erlebbare Erleichterung und Trost vermitteln
- Die wahrgenommen Gefühle der Person spiegeln und stellvertretend benennen
- Achtung! – Personen mit einer Demenz können durch logische Erklärungen nicht zur Einsicht in ihre Situation gebracht werden – Menschen mit einer Demenz können damit nichts anfangen.
- Für ein Lebensumfeld sorgen, in dem das Verhalten toleriert wird
- Das Verhalten, das mit den genannten Möglichkeiten nicht zu beeinflussen ist, akzeptieren und wertschätzend begleiten – eine dauerhafte Lösung kann es nicht geben.

Aggressionen

Verhalten, das sich beobachten lässt

- Stoßen, Schlagen, Treten
- Kneifen, Kratzen
- An den Haaren ziehen
- Spucken
- Zerstörungen der räumlichen Umgebung, von Kleidern und Gegenständen
- Drohungen, Beschimpfen, Beleidigen
- Gewaltsame Konflikte mit Mitbewohnerinnen und Mitbewohnern

Ursachen, die dem Verhalten zu Grunde liegen können

A ... bei Menschen mit einer Demenz

- Sie fühlen sich bedroht, verunsichert und haben Angst (z.B. denken sie an mögliche traumatische Gewalterfahrungen, sie sind oft Quellen der Angst).
- Ihre kognitive Kontrolle der Impulse und Gefühle ist eingeschränkt. Sie können aggressive Impulse oder sozial unerwünschtes Verhalten nicht mehr durch Verstandesleistungen kontrollieren.
- Schädigungen und Funktionsstörungen im Frontalhirn schränken ihre gedankliche Kontrolle ein (z.B. Morbus Pick, vaskuläre Demenz).
- Sie sind unfähig, Enttäuschungen, Wut, Ausweglosigkeit, Verzweiflung, Hilflosigkeit oder Ohnmacht in sozial akzeptierten Verhaltensweisen auszudrücken.
- Sie sind zornig und verärgert über ihre Unfähigkeit, sich mit ihren Wünschen und Bedürfnissen verständlich zu machen.
- Sie werden abhängig und verlieren die Fähigkeit zur individuellen Lebensführung und müssen ein Leben als öffentliche Person führen unter ständiger Kontrolle und Beobachtung anderer Personen.
- Sie können ihr Unwohlsein und Missempfinden nicht sprachlich ausdrücken (z.B. Schmerzen, Obstipation, Unterzuckerung etc.).
- Ihr aggressives Verhalten kann einen Appell darstellen, sie wollen auf die von ihnen als mangelhaft erlebte Aufmerksamkeit und Zuwendung aufmerksam machen.
- Nicht alle Menschen mit einer Demenz sind in ihrem Leben friedfertig gewesen und haben andere Personen mit Respekt und Achtung behandelt. Dieses Verhalten behalten sie auch in ihrem Leben mit einer Demenz bei (Persönlichkeit und Charaktereigenschaften bestehen lange weiter fort).

B ... durch das Verhalten der begleitenden Personen

- Eine mangelnde oder fehlende Übereinstimmung von sprachlichen Botschaften und körpersprachlichem Ausdruck verwirrt Menschen mit einer Demenz. Die Doppeldeutigkeit des Verhaltens verstärkt die Desorientierung und kann zu aggressiver Abwehr führen.
- Die innere Anspannung, die bei Menschen mit einer Demenz durch hektisches, schnelles Laufen und Arbeiten der begleitenden Personen entstehen kann, entlädt sich u.U. in aggressiven Impulsen.
- Verhaltensweisen der Pflegenden, die die Würde von Menschen mit einer Demenz verletzen und deren Persönlichkeit missachten, können aggressive Verhaltensweisen provozieren (z.B. Bevormundung, Entmündigung, Zurück- und Zurechtweisung, Vernachlässigung, Verbote, unfreundlicher, fordernder Umgangston).
- Wenn begleitende Personen die individuellen Bedürfnisse, Gewohnheiten und Vorlieben von Menschen mit einer Demenz mangelhaft wahrnehmen und berücksichtigen.
- Wenn die begleitenden Personen die Intimsphäre verletzen und dadurch das Erleben von Scham und Beschämung befördern.
- Wenn die begleitenden Personen subjektive Überzeugungen und Wahrheiten abwerten, verleugnen oder korrigieren.

C ... durch die Umgebung

- Das räumliche Umgebung ist unwohnlich (keine Privatsphäre).
- Das Umfeld erzwingt soziales Zusammenleben (Diskriminierungen und Provokationen durch Mitbewohnerinnen und Mitbewohner).
- Die Räume sind eng und überfüllt. Es fehlt Raum für Bewegung, Umhergehen oder -wandern.

- Das Umfeld entpersönlicht Menschen mit einer Demenz durch eine erzwungene Übernahme der Rolle der inaktiven Bewohnerin oder des inaktiven Bewohners. Alle Arbeiten der Versorgung übernimmt die Institution.
- Die Lebensbedingungen in der Institution behindern und schränken die verbliebenen Erfahrungs- und Handlungsmöglichkeiten von Menschen mit einer Demenz ein.
- Das Lebensumfeld ist unruhig und unübersichtlich.
- Das Arbeitsfeld ist bestimmt von einer funktionalen und arbeitsteiligen Pflegekultur sowie der Dominanz routinierter Arbeitsabläufe.
- Die Lebensgestaltung ist durch festgelegte Zeiten der Versorgung fremdbestimmt.
- Freiheitsentziehende Maßnahmen werden eingesetzt.

Handeln bei der Begleitung und Pflege

- Selbstwertgefühl stärken; in Entscheidungen und in Handlungen der alltäglichen Verrichtungen einbeziehen; Mithandeln und Beteiligung fördern, erleichtern und unterstützen
- Überforderungen und Stressreaktionen erkennen und vermeiden, Geduld haben, Druck vermeiden, Zeit lassen
- Demonstration von Macht und Autorität vermeiden, keine Vorwürfe und Zurechtweisungen
- Wahrnehmungen, Erfahrungen und Überzeugungen akzeptieren und bestätigen
- Verärgerung anerkennen
- Zeigen, dass für die Verärgerung Verständnis besteht
- Raum geben für die erlebten Gefühle
- Eine angespannte Person aus der Situation hinausführen, in einen anderen Raum gehen, Themenwechsel herbeiführen, Aktivität anbieten
- Das aggressive Abwehren nicht persönlich nehmen (aggressives Verhalten ist in den meisten Fällen eine Zurückweisung unangenehm erlebter Situationen oder nicht verstandener pflegerischer Tätigkeiten. Mit dem Verhalten soll nicht die Persönlichkeit der Pflegenden getroffen werden.)

- Für die eigene Sicherheit sorgen; Fluchtwege offen halten; lernen, sich aus einem festen Griff ruhig und sanft zu befreien
- Erregung einschätzen durch eine gute Beobachtung von:
  - gesteigerter motorischer Unruhe, hektischen Bewegungen
  - erhöhter Körperspannung
  - schneller, beschleunigter Atmung
  - ärgerlicher, angespannter Mimik
  - verbalen Äußerungen: z.B. lautes Schimpfen, Drohungen, Beschuldigungen, erregtes oder schnelles Sprechen, hohe Stimmlage
- Risikofaktoren wahrnehmen:
  - Wird die Pflegende u.U. nicht erkannt?
  - Ist die Intimsphäre oder das Schamgefühl verletzt worden?
  - Ist die Situation eine Überforderung?
  - Kann die pflegerische Tätigkeit Angst und Bedrohung auslösen?
- Räumliche Distanz wahren; Bewegungsraum für die andere Person lassen; keine Nähe aufdrängen
- Sicheres Auftreten; eindeutige körpersprachliche Signale der Sicherheit und inneren Stärke, Ruhe und Besonnenheit ausstrahlen; ruhige, tiefe Stimmlage; deutliche Sprache mit kurzen Sätzen und langen Pausen; langsame Bewegungen; im Blickfeld von Menschen mit einer Demenz bleiben
- Kontrolle der eigenen Impulse und Gefühle:
  - Klaren Kopf bewahren und versuchen, innerlich Abstand zu bekommen
  - Trotz Spannungen freundlich, höflich und zugewandt bleiben
  - Nicht in hektisches Handeln verfallen
- Bei körperlicher aggressiver Abwehr die Anstrengungen zur Durchführung der pflegerischen Tätigkeit nicht erhöhen, sondern sie, wenn keine Gefahr für die zu pflegende Person droht, abbrechen.

- Bei drohender eigener Verletzung deutlich wahrnehmbare Grenzen aufzeigen:
  - Die eigenen Gefühle zeigen durch klare körpersprachliche Signale mit kurzen, nachdrücklichen, sprachlichen Hinweisen
  - Durch Ich-Botschaften ausdrücken, was nicht gewollt oder hingenommen werden kann: „Das tut mir weh!“ „Ich will nicht, dass sie mich so anfassen!“ „Nicht schlagen!“ „Es ärgert mich, wenn Sie mich anschreien.“
- Wichtig beim Grenzen setzen ist, dass sich die Reaktionen der begleitenden Personen unmittelbar auf das aktuelle Verhalten beziehen. Die Verdeutlichung von Grenzüberschreitungen stellt ein Mittel der letzten Rettung dar, um aus einer zugespitzten Situation herauszukommen. Es hat nur dort seine Berechtigung, wo keine anderen Lösungen möglich sind. Eine Kränkung von Menschen mit einer Demenz ist auf jeden Fall zu vermeiden.
- Grundsätzlich sollte aggressivem Verhalten vorgebeugt werden. Das Aufzeigen von Grenzen darf nicht zu einer generellen Einengung und Disziplinierung missbraucht werden.
- Die soziale und räumliche Lebenssituation von Menschen mit einer Demenz sollte verbessert werden, um aggressives Verhalten einzudämmen sowie Wohlbefinden, Sicherheit und Geborgenheit zu fördern.

Mangelnde Kontrolle

Verhalten, das sich beobachten lässt

- Sozial unangemessenes Verhalten
- Umhertragen oder Manipulieren von Gegenständen
- Horten, Sammeln von Gegenständen oder Nahrungsmitteln
- Spielen mit Essen und Trinken
- Mangelhafte Bekleidung oder Ausziehen im öffentlichen Raum
- Sexuelle Übergriffe und Aufforderungen

Ursachen, die dem Verhalten zu Grunde liegen können

- Persönlichkeits- und Charaktereigenschaften, die sich im Laufe der Lebensgeschichte entwickelt haben, setzen sich im jetzigen Verhalten fort. Einige Menschen, die an einer Demenz leiden, haben sich in ihrem Leben, ob öffentlich oder privat, nicht immer an die sozialen Werte und Normen gehalten.
- Schädigungen und Funktionsstörungen im Frontalhirn führen zu Persönlichkeitsveränderungen in dem Maße, dass es nicht mehr gelingt, das Verhalten ausreichend steuern und kontrollieren zu können.
- Es fehlen kognitive Fähigkeiten, die notwendig wären, um die alltäglichen Situationen und Gegenstände zu erkennen und sich angemessen verhalten zu können.

Handeln bei der Begleitung und Pflege

- Das soziale Lebensumfeld sollte so gestaltet werden, dass Menschen mit einer Demenz mit ihren vereinfachten Erfahrungs- und Handlungsweisen dort leben können und von ihren Mitbewohnerinnen oder Mitbewohnern toleriert werden.
- Eine gewohnte und wiedererkennbare Umgebung kann die Orientierung unterstützen. Hier ist zu berücksichtigen, dass Menschen mit einer Demenz oft nur ein räumlich und materiell gestaltetes Lebensumfeld erkennen, das ihnen aus weit zurückliegenden Lebensabschnitten vertraut ist. Eine moderne Einrichtung oder Ausstattung ist ihnen fremd und desorientiert und verstört sie.
- Entblößt sich eine Person im öffentlichen Raum, sollte die begleitende Person achtsame Hilfe beim Wiederankleiden anbieten (z.B. Bademantel holen, gemeinsam in das private Zimmer gehen und die passende Kleidung aussuchen, eine Decke bereithalten).

- Achtung! Nicht beschämend korrigieren oder auf soziale Normen hinweisen, diese sind nicht mehr im Gedächtnis. (Vergleiche: Kleine Kinder haben auch nur einfache Verhaltensweisen und kennen noch nicht die sozialen Normen. Sie ziehen ihre Kleider im öffentlichen Raum aus, wenn sie zu warm, zu eng oder unbequem sind.)
- Als begleitende Person sollte man zuerst die Beziehung zu der Person mit einer Demenz aufbauen und ihr erst dann Hilfe und Unterstützung anbieten.
- Wird man als begleitende Person durch körperliche Übergriffe oder Aufforderungen zu sexuellen Handlungen belästigt, dann sollte man eine Grenze aufzeigen:
  - Zeigen Sie der anderen Person deutlich Ihre Verärgerung und Verletzung, ohne dabei laut zu werden. Verdeutlichen Sie mit Mimik und Körpersprache, dass Sie dieses Verhalten nicht akzeptieren. Beschimpfen Sie den Betroffenen nicht oder kränken Sie ihn willentlich, sondern verweisen Sie auf sein Verhalten.
  - Zum Beispiel: Wenn jemand nach Ihrem Busen greift, dann sagen Sie: „Nehmen Sie Ihre Hand weg!“ Wenn Sie mit verbalen Anzüglichkeiten angegriffen werden, dann erwidern Sie: „Ich will das nicht hören!“
  - Menschen mit einer Demenz können sich in die Gefühle einer anderen Person einfühlen und wahrnehmen, was diese empfindet. Sie werden Ihre Verärgerung spüren, wenn auch nicht den Sinn Ihrer Worte.

13 Arbeitshilfe: Beobachtbares Verhalten in den AEDL

Die Entwicklung einer Demenz führt dazu, dass in vielen Lebensbereichen die geistigen und praktischen Fähigkeiten nachlassen und verloren gehen. Obwohl das Handeln und Verhalten von Menschen mit einer Demenz durch die eingetretenen Einschränkungen beeinflusst und verändert wird, werden sie nicht immer ausreichend wahrgenommen. Welche unterschiedlichen Behinderungen eingetreten sind, erschließt sich oft nur innerhalb einer strukturierten und genauen Beobachtung. Zudem ist es bei Menschen mit einer Demenz notwendig, die Entwicklung ihrer Einschränkungen fortlaufend zu erfassen. Denn den meisten Demenzformen liegt eine fortschreitende, sich verschlechternde Erkrankung zu Grunde. Es ist wichtig, dass die begleitenden Personen über die bei einer Demenz zu erwartenden Einschränkungen aufgeklärt sind [→Kap. 3].

Hilfe setzt immer dann ein, wenn Fähigkeiten und die eigenständige Lebensführung eingeschränkt sind. Angepasste Hilfen für eine Person mit einer Demenz können nur entwickelt werden, wenn in den einzelnen AEDL-Bereichen **(Aktivitäten und existenzielle Erfahrungen des Lebens)** erfasst und dokumentiert wird, welche ihrer Fähigkeiten eingeschränkt sind. So kann eine Begleitung der existenziellen Erfahrungen nur gelingen, wenn bekannt ist, welche überhaupt erlebt werden. Hierfür ist die Anlage einer Informationssammlung, in der die Einschränkungen und Lebenserfahrungen genau wiedergegeben werden, der erste wichtige Schritt.

Mit der vorliegenden Arbeitshilfe soll erreicht werden, dass die begleitenden Personen eine Vorlage nutzen können, um die Einschränkungen und Lebenserfahrungen von Menschen mit einer Demenz genauer zu beobachten. Zudem liefert die Arbeitshilfe Hinweise für die Formulierung der beobachteten Einschränkungen und existenziellen Erfahrungen

Erst die Beobachtung und Dokumentation der Einschränkungen und existenziellen Erfahrungen ermöglicht die genaue Beschreibung der bestehenden Probleme. Die weitere Planung und Begründung der Begleitung und Pflege baut auf dieser Beschreibung auf.

Kommunizieren

- Die Person vergisst nach kurzer Zeit Erklärungen und Anleitungen.
- Sie erinnert sich nicht an Verabredungen und Absprachen.
- Sie versteht logische und „vernünftige" Erklärungen nicht.
- Sie versteht nicht mehr die Worte, die andere Menschen ihr sagen.
- Sie bildet nur noch kurze Sätze und benutzt wenige Worte.
- Sie findet, während sie spricht, nicht die richtigen Worte.
- Sie spricht stockend und bricht Mitteilungen ab.
- Sie kann Worte nicht mehr gut aussprechen (Artikulationsstörungen).
- Sie bildet neue unverständliche Worte.
- Sie kann ihre Bedürfnisse, Wünsche und Gedanken anderen Menschen nicht mehr sprachlich mitteilen.
- Sie kann nicht sagen, was gerade eben stattgefunden hat.
- Sie versteht den Zusammenhang bei Gesprächen nicht.
- Sie spricht ohne erkennbaren Sinn und Zusammenhang („Wortsalat").
- Sie verliert den roten Faden, bleibt nicht beim Thema.
- Sie stellt immer die gleichen Fragen.
- Sie wiederholt die gleiche Geschichte.
- Sie überspielt Gedächtnislücken mit Fantasien und spontanen Einfällen (Konfabulieren).
- Sie kann den Namen neu kennen gelernter Personen nicht erinnern.
- Sie schweigt zunehmend und zieht sich aus sozialen Beziehungen zurück.
- Sie wiederholt ständig einzelne Worte.
- Sie ruft laut einzelne Worte (Hallo, Hilfe).
- Sie gibt nur noch Geräusche und Laute von sich.
- Sie klopft auf den Tisch oder die Armlehne etc.
- Sie ist unruhig, überfordert oder verärgert, wenn sie andere Menschen nicht versteht.
- Sie zeigt durch Schreien, Schlagen, Kratzen, Treten, Kneifen, sich Versteifen oder anderes Verhalten, dass sie etwas nicht will.

- Sie drückt durch ihre Körpersprache und ihr Verhalten aus, welche Stimmungen, Bedürfnisse oder Abneigungen sie erlebt (z.B. die volle Blase wird durch Unruhe angezeigt, ungewollte Speisen werden auf den Boden geworfen oder ausgespuckt etc.).

Kommunizieren (Orientierung)

- Die Person weiß nicht, an welchem Ort sie sich befindet (weiß nicht, dass sie in einem Altenheim lebt, hat keine Orientierung in der Einrichtung etc.).
- Sie findet ihr Zimmer, die Toilette und andere Räume nicht.
- Sie geht in fremde Zimmer und Räume.
- Sie findet nicht zurück, wenn sie den Wohnbereich, die Wohnküche oder die Einrichtung verlassen hat.
- Sie erkennt nicht die gewohnten alltäglichen Situationen (z.B. beim Aufstehen, auf der Toilette, am Waschbecken, bei den Mahlzeiten).
- Sie weiß nicht, welche Ereignisse im Verlauf des Tages stattgefundenen haben (z.B. Besuche, Mahlzeiten etc.).
- Sie hat keine Vorstellung davon, eine Demenz zu haben (keine Krankheitseinsicht).
- Sie versteht nicht die Notwendigkeit der angebotenen Hilfe und Unterstützung.
- Sie kann ihre eigenen Einschränkungen nicht einschätzen (z.B. versucht sie zu laufen, obwohl sie die Fähigkeit dazu verloren hat).
- Sie verweigert notwendige Hilfe und behauptet alles selber zu können.
- Sie vergisst, was sie selber getan hat (z.B. das Mittagessen, das Rumkramen im eigenen Zimmer etc.).
- Sie findet persönliche Dinge, die sie weggelegt oder versteckt hat, nicht wieder (z.B. Handtasche, Geldbörse, Brille etc.).
- Sie hat keine Erinnerung, dass sie wiederholt nach Hilfe gerufen oder geklingelt hat.
- Sie kennt den Wochentag und die Tageszeit nicht.
- Sie fragt wiederholt nach der Uhrzeit.
- Sie hat kein Gefühl für das Fortschreiten der Zeit.

- Sie trennt die Ereignisse der Gegenwart nicht von denen der Vergangenheit, beides ist gleich real.
- Sie kann die Uhr und den Kalender nicht lesen.
- Sie steht in der Nacht auf und zieht sich an bzw. will sich anziehen (z.B. möchte sie nachts zur Arbeit gehen.).
- Sie kann Fragen zur eigenen Biografie nicht oder nur teilweise beantwortet.
- Sie kennt das eigene Alter nicht und glaubt jünger zu sein.
- Sie weiß nicht, wer sie ist und was sie in ihrem Leben getan hat („Wer bin ich?“, „Was habe ich gemacht?“).
- Sie reagiert nicht auf Ansprache mit dem Nachnamen oder „angeheiratetem“ Namen.
- Sie erkennt ihr Gesicht im Spiegel nicht.
- Sie erkennt sich nicht auf Fotos aus der jüngsten Vergangenheit.
- Sie erkennt ihre Angehörigen nicht.
- Sie erkennt die begleitenden Personen nicht.
- Sie hat Vorstellungen, die nicht der Realität entsprechen (z.B. sieht Gegenstände oder Personen, die nicht da sind etc.)

Sich bewegen

- Die Person hat Schwierigkeiten ihre Bewegungen richtig zu koordinieren (z.B. beim Anziehen, beim Waschen etc.).
- Sie hat Kau- und Schluckstörungen.
- Sie kann ihre Körperkraft nicht richtig einsetzen.
- Sie greift (zu) fest zu.
- Sie kann Daumen und Zeigefinger nicht zum Pinzettengriff einsetzen (den Henkel einer Tasse mit Daumen und Zeigefinger anfassen).
- Sie macht ungezielte und unwillkürliche Bewegungen (z.B. Nesteln an der Kleidung, Wischen über den Tisch etc.).
- Sie kann Gegenstände nicht greifen und wirft sie auf dem Tisch um.
- Sie ist stand- und gangunsicher.
- Sie hat einen schlurfenden Gang und macht kleine Schritte.
- Sie kann nicht mehr allein gehen.
- Sie läuft fortwährend ziellos und suchend umher.

- Sie ist motorisch sehr unruhig (z.B. klopft auf den Tisch, die Stuhllehne etc.).
- Sie kann ihren Körper beim Sitzen nicht mehr ausreichend aufrecht halten.
- Sie geht nicht weiter, wenn sich an Wand oder auf dem Boden starke Schatten abbilden.
- Sie kann Abstände von Gegenständen zum eigenen Körper nicht richtig einschätzen und bewegt sich unsicher.
- Sie stößt an Möbel und Türkanten.
- Sie kann die Höhe und die Tiefe von Treppenstufen nicht richtig einschätzen.
- Sie bleibt stehen, wenn sich die Farbe, der Kontrast oder das Muster von Bodenbelägen verändern.

Vitale Funktionen aufrechthalten

- Die Person kann körperliche Beschwerden oder Schmerzen nicht sprachlich mitteilen.
- Sie kann nicht für eine ausreichende Flüssigkeitsaufnahme sorgen.
- Sie versteht nicht die Notwendigkeit von Diäten oder einer speziellen Ernährung.
- Sie kann nicht für eine ausreichende bzw. angemessene Nahrungsaufnahme sorgen (isst zu viel / zu wenig).
- Sie ist nicht fähig Medikamente regelmäßig bzw. nach ärztlicher Verordnung einzunehmen.
- Sie erkennt nicht den Sinn und die Notwenigkeit der Medikamenteneinnahme (verweigert die Einnahme).
- Sie kann sich nicht der Witterung entsprechend kleiden (zieht sich nicht ausreichend warm an, zieht bei hohen Temperaturen zu warme Kleidung an).
- Sie erkennt nicht den Sinn der Ernährungssonde / des Blasenkatheters / der Stomaversorgung und versucht diese zu entfernen.
- Sie erkennt nicht den Sinn von behandlungspflegerischen Maßnahmen (entfernt Verbände, beachtet nicht die notwendige Schonung, z.B. Bettruhe oder Lagerung).

Sich pflegen

- Die Person sieht die Notwenigkeit der Körperpflege nicht ein.
- Sie versteht nicht das Angebot der Hilfe bei der Körperpflege.
- Sie verweigert die Hilfe durch körperliche Gegenwehr.
- Sie erkennt die gewohnten Alltagsgegenstände und Materialien nicht (Seife, Kleidung, Toilettenschüssel etc.).
- Sie beginnt nicht selbstständig mit einer Tätigkeit.
- Sie kann von den täglichen Verrichtungen und Handlungsroutinen noch einzelne Handlungsschritte durchführen (z.B. sie trocknet sich die Hände ab, wenn ihr das Handtuch gereicht wird, putzt sich die Zähne, wenn ihr die Zahnbürste in die Hand gegeben wird).
- Sie verliert bei Tätigkeiten und Aktivitäten den roten Faden und führt sie nicht zu Ende.
- Sie hört mit Tätigkeiten auf und beginnt spontan eine neue Handlung.
- Sie kann Tätigkeiten der täglichen Versorgung nicht mehr durchführen (z.B. Zähne putzen, rasieren, Haare kämmen, Hände waschen etc.).
- Sie hat ein großes Schamgefühl.
- Sie setzt sich bei Entblößung körperlich zur Wehr.

Essen und trinken

- Die Person beginnt nicht selbstständig mit dem Essen.
- Sie isst nur noch mit dem Löffel.
- Sie isst mit den Fingern.
- Sie vergisst zu essen und zu trinken.
- Sie unterbricht das Essen und vergisst weiterzuessen.
- Sie lässt das angebotene Essen unberührt stehen.
- Sie spielt mit dem Essen (z.B. verrührt das Essen, verteilt es auf dem Tisch).
- Sie kann Tassen, Gläser und das Besteck nicht sicher greifen und halten.
- Sie hat Kau- und Schluckstörungen.
- Sie behält das Essen im Mund, ohne zu schlucken.
- Sie versteht nicht den Sinn von Diäten und ist nicht bereit sie einzuhalten.

- Sie verweigert die angebotenen Speisen und Getränke.
- Sie ist nur bereit bestimmte Speisen zu essen.
- Sie hat Probleme gedankliche Überlegungen zu bilden (z.B. kann sie Speisen, Getränken etc. nicht auswählen).
- Sie erkennt die gewohnten Alltagsgegenstände und Materialien nicht (z.B. Tasse, Messer, Brot).
- Sie wird von zu vielen Reizen in der Umgebung abgelenkt (z.B. beginnt sie nicht mit dem Essen, weil zu viele ablenkende Reize im Raum sind).
- Sie ist bei großer Reizvielfalt überfordert und wird unruhig (z.B. steht sie bei den Mahlzeiten auf und läuft im Raum herum).
- Sie sucht und tastet nach Gegenständen auf dem Tisch (z.B. Tasse, Glas, Besteck).
- Sie kann Gegenstände nicht sehen, die direkt vor ihr stehen (z.B. isst sie das Essen der ihr gegenübersitzenden Person).
- Sie kann noch einzelne Handlungsschritte durchführen (z.B. verstreicht sie die Butter auf dem Brot, kann den Belag auf ein Brot legen, ein vorbereitetes Brot essen).
- Sie kennt die richtige Reihenfolge einzelner Handlungsschritte nicht mehr (z.B. Wurst und Brot werden einzeln gegessen).
- Sie verlangt etwas zu essen, obwohl die letzte Mahlzeit vor fünf Minuten beendet wurde.
- Sie kann Essbares nicht mehr von Nichtessbarem unterscheiden.
- Sie isst das Essen anderer Personen.
- Sie sucht fortwährend nach etwas zu essen.
- Sie macht ihre Abneigung durch unangepasstes Verhalten deutlich (spuckt die Speisen aus, schiebt den Teller vom Tisch etc.).
- Sie ist zu unruhig, um am Tisch sitzen zu bleiben.
- Sie kann sich nach den Mahlzeiten nicht reinigen (z.B. Händewaschen, Zahnprothese richten, Mund abwischen).

Ausscheiden

- Die Person zeigt durch verstärkte Unruhe, dass sie zur Toilette muss.
- Sie findet die Toilette nicht.

- Sie erkennt die Toilettenschüssel nicht.
- Sie weiß nicht mehr, wie sie die Toilette benutzen muss.
- Sie kann sich nicht die Kleider öffnen.
- Sie wehrt sich körperlich beim Öffnen der Kleidung.
- Sie bleibt nicht auf der Toilette sitzen und steht immer wieder auf.
- Sie reinigt sich unzureichend nach der Benutzung der Toilette.
- Sie kann sich nach der Verschmutzung mit Ausscheidungen nicht reinigen (nach Entleerung von Darm oder Blase in die Kleidung).
- Sie wehrt sich körperlich bei der Reinigung oder dem Richten der Kleidung.
- Sie entleert Blase oder Darm in Eimern, Vasen oder Schubladen.
- Sie uriniert oder entleert den Darm in der Öffentlichkeit.
- Sie sucht die Toilette auf, verhält sich aber unpassend und unsauber.
- Sie sucht zur Darmentleerung nicht regelmäßig die Toilette auf oder macht auf den notwenigen Toilettengang aufmerksam (hat häufig eine Verstopfung).
- Sie erkennt nicht den Sinn und die Notwendigkeit von Inkontinenzmaterial (akzeptiert sie nicht, zerstört sie etc.).
- Sie erkennt die eigenen Ausscheidungen nicht, verschmiert (und isst) sie.

Sich kleiden

- Die Person kann sich nicht selbstständig an- und ausziehen (z.B. beim Aufstehen, beim Zu-Bett-Gehen, auf der Toilette).
- Sie kann nicht entscheiden, welche Kleidungsstücke sie anziehen möchte.
- Die Person erkennt die einzelnen Kleidungsstücke nicht.
- Sie kann einzelne angereichte Kleidungsstücke selber anziehen.
- Sie verliert beim Ankleiden den roten Faden (z.B. bricht die Tätigkeit ab, ohne sie wieder zu beginnen, zieht sich wieder aus).
- Sie verwechselt die richtige Reihenfolge beim Ankleiden (z.B. der BH ist über der Bluse angezogen, die Kleidung ist über das Nachthemd angezogen).

- Sie kennt die Jahreszeit nicht (die Kleidung entspricht nicht der Witterung).
- Sie kann unvollkommene Bekleidung nicht korrigieren (die Kleidung ist nicht richtig angezogen, mehrere gleiche Kleidungsstücke sind übereinander angezogen etc.).
- Sie zieht Kleidungsstücke unpassend an (z.B. Socken als Handschuhe, die Unterhose als Kopfbedeckung).
- Sie zieht sich im öffentlichen Raum die Kleidung aus (z.B. weil sie zu warm, zu eng oder zu unbequem ist).
- Sie zieht die Kleidung anderer Personen an.

Ruhen und schlafen

- Die Person ist innerlich so angespannt, dass sie keine Ruhe finden kann (z.B. läuft fortwährend umher, sucht in allen Zimmern).
- Sie kann nicht allein sein und läuft fortwährend anderen Personen nach (z.B. ist sie sehr ängstlich, sucht Schutz und Geborgenheit).
- Sie ist voller Unruhe, weil sie vertraute Personen sucht oder sich um sie Sorgen macht (sucht den Ehemann, die Kinder etc.).
- Sie steht ständig vom Stuhl bzw. Sessel auf und setzt sich wieder.
- Sie findet das Bett bzw. das eigene Zimmer nicht.
- Sie kann sich nicht für die Nacht vorbereiten (z.B. Körper- und Zahnpflege, ausziehen, Nachwäsche anziehen).
- Sie kann sich nicht allein ins Bett legen und zudecken.
- Sie hat einen gestörten Tag-Nacht-Rhythmus.
- Sie kann sich nicht an der Uhrzeit bzw. Dunkelheit orientieren.
- Sie steht zur Nachtzeit auf und wandert umher.
- Sie sucht nachts etwas zu essen.
- Sie kramt nachts in ihrem Zimmer (z.B. packt ihre Sachen, um zu gehen, zieht das Bett ab).
- Sie zieht sich nachts an, weil sie glaubt, es wäre Tag bzw. die Nacht wäre um.
- Sie ist voller Unruhe und lässt sich nicht wieder zu Bett bringen.
- Sie bleibt im Bett, weil sie nicht weiß, was sie tun muss, um aufzustehen.

Sich beschäftigen

- Die Person kann sich selbst nicht mehr beschäftigen (sie ist apathisch, teilnahmslos, in sich gekehrt).
- Sie ist bei angebotenen Beschäftigungen schnell ablenkbar (z.B. durch mangelhafte Konzentration und Aufmerksamkeit, innere Unruhe).
- Sie geht ziellosen Beschäftigungen nach (räumt, kramt herum, kleidet sich immer wieder um etc.).
- Sie verliert immer wieder den roten Faden, bei dem was Sie tut (z.B. fängt Tätigkeiten an, bringt sie aber nicht zu Ende, kann keine Spielregeln einhalten).
- Sie geht inneren Handlungsimpulsen nach, lässt Tätigkeiten immer wieder liegen und beginnt spontan eine neue Handlung.
- Die Person wiederholt fortwährend ein und dieselbe Handlung (Perseveration).
- Sie sammelt Gegenstände ein (z.B. Eigentum anderer Personen, Dekorationen im Wohnbereich, Essensreste).
- Sie beschäftigt sich mit Gegenständen und zerstört diese (z.B. zerpflückt eigene Kleidung, Dekoration, Blumen).
- Sie versteht den Inhalt von Fernsehsendungen nicht.
- Sie will sich hauswirtschaftlich betätigen, ist dabei aber nicht konstruktiv (z.B. räumt den gedeckten Tisch ab, räumt Schränke aus, wischt mit einem Kleidungsstück die Tische ab).
- Sie wandert fortwährend im Wohnbereich umher.
- Sie erkundet den Wohnbereich und geht dabei in alle Räume.
- Sie beschäftigt sich mit sich selbst (ruft einzelne Worte, singt laut, klopft auf den Tisch etc.).

Sich als Mann oder Frau fühlen und verhalten

- Die Person legt Wert auf ihre äußere Erscheinung (Kleider, die ihre weibliche/männliche Identität ausdrücken, Kosmetika, Rasierwasser/Parfüm etc.).
- Während der körperlichen Versorgung erlebt Sie große Scham bei der Entblößung.
- Sie verweigert die Hilfe durch weibliche/männliche Personen.
- Sie setzt körperliche Gewalt ein bei Scham vor Entblößung oder zur Abwehr von Hilfe durch eine nicht akzeptierte Person.
- Sie missversteht Situationen der körperlichen Versorgung als sexuelle Annäherung.
- Sie handelt sexuell übergriffig gegenüber anderen Personen.
- Sie verhält sich sexuell enthemmt in der Öffentlichkeit (durch Taten oder mit Worten).
- Sie verhält sich sexuell enthemmt gegenüber den Pflegepersonen.
- Sie sucht sexuellen Kontakt zu Mitbewohnern.

Für eine sichere Umgebung sorgen

- Die Person erkennt gefährdende Situationen nicht (z.B. Reinigungsmittel, heißes Wasser, heiße Herdplatten).
- Sie kann das eigene Handeln nicht mehr auf seine Folgen hin beurteilen und verkennt gefährdendes Verhalten (sammelt verderbliche Lebensmittel, hat keine wärmende Kleidung an, will aufstehen und gehen, obwohl sie es nicht mehr kann, isst Gegenstände zur Dekoration etc.).
- Sie findet keine Orientierung durch das Erkennen der unmittelbaren Umgebung (z.B. weiß nicht, dass sie in ihrem eigenen Zimmer, auf der Toilette, im Badezimmer, in der Wohnküche ist).
- Sie findet keine Orientierung durch das Erkennen der eigenen Möbel und des persönlichen Besitzes.
- Sie kann sich keinen strukturierten Tagesablauf gestalten.
- Sie verlässt den Wohnbereich und findet nicht zurück.
- Sie hat keine Einsicht in freiheitseinschränkende / die eigene Unversehrtheit sichernde Maßnahmen.

Soziale Bereiche des Lebens sichern

- Die Person sucht die Nähe anderer Menschen und kann nicht allein sein.
- Sie strengt sich an, nach außen eine intakte Fassade aufrechtzuhalten.
- Sie ist bemüht das eigene Scheitern und Versagen mit Floskeln zu entschuldigen (wenn man so alt ist, kann schon mal was vergessen, solche Fehler können jedem mal passieren etc.).
- Sie kann sich nicht in eine andere Person hineinversetzen und ist intolerant gegenüber dem Verhalten anderer Personen.
- Sie lässt nur ihre Meinung gelten und handelt egoistisch.
- Sie ist bei sozialen Aktivitäten schnell überfordert (z.B. bei gemeinsamen Spielen, Gesprächsrunden, Andachten, Festen).
- Sie kennt nicht mehr den Unterschied zwischen eigenem und fremdem Besitz (z.B. nimmt sich und benutzt Gegenstände, die ihr nicht gehören).
- Sie zeigt ein soziales Verhalten, das nicht an die täglichen Situationen angepasst ist.
- Sie benutzt gegenüber anderen Personen verletzende oder diskriminierende Worte.
- Sie kann das richtige Benehmen bei gemeinsamen Mahlzeiten nicht mehr einhalten.
- Sie beschimpft oder schlägt andere Personen.
- Sie kann technische Kommunikationsmittel nicht nutzen (z.B. Rufanlage, Telefon).

Mit existenziellen Erfahrungen umgehen können

- Die Person erlebt sich bedroht, ist verängstigt, verstört und verunsichert, weil sie die eigene Lebenssituation nicht versteht.
- Sie ist verstört und verunsichert durch das Leben in einer für sie fremden Umgebung.
- Sie ist sehr misstrauisch, weil sie nicht versteht, was um sie herum passiert (z.B. versteckt ihren wichtigen Besitz, glaubt, dass Gift im Essen ist).
- Sie will nach Hause, weil sie die Umgebung als fremd erlebt, und glaubt noch eine eigene Wohnung zu haben.

- Sie überträgt alte Lebenserfahrungen auf die gegenwärtige Situation (glaubt in einem Hotel zu sein, in einem Restaurant; sie ist überzeugt bestohlen worden zu sein, weil sie verlorene / verkramte Dinge nicht findet etc.).
- Sie glaubt, dass andere Personen in ihren Sachen kramen / in ihrem Zimmer die gewohnte Ordnung verändern, weil sie sich nicht erinnern kann, was sie selber getan hat.
- Sie erlebt wieder alte Ängste, Bedrohungen oder existenzielle Krisen, die in der Vergangenheit bestanden.
- Sie sucht nach Personen des vergangenen Lebens (Kinder, verstorbener Ehepartner etc.).
- Sie lebt eine alte Rolle mit den Erfahrungen und Gefühlen aus vergangenen Lebensabschnitten (z.B. die sorgende Mutter, der berufstätige Erwachsene).
- Sie schimpft, flucht und ist wütend über das, was ihr zugestoßen ist (eine Demenz zu haben, im Heim zu leben, abhängig zu sein).
- Sie ist rat- und hoffnungslos, weil sie nicht versteht, was mit ihr passiert.
- Sie jammert und klagt über die eigene Unfähigkeit (z.B. „Ich kann nichts mehr und mit mir ist nichts mehr los.“).
- Sie ist enttäuscht, verstimmt oder wütend, wenn es ihr nicht gelingt, ihre Bedürfnisse, Wünsche und Gedanken anderen Menschen mitzuteilen.
- Sie ist unruhig, überfordert oder verärgert, wenn sie andere Menschen nicht versteht.
- Sie ist durch das Erleben der Einschränkungen und Verluste traurig, verstimmt und niedergeschlagen (zieht sich zurück, will an nichts teilnehmen).
- Sie ist verärgert und wütend über ihre eigene Unfähigkeit.
- Sie wandert umher, um innere Spannungen abzubauen.
- Sie reagiert mit Unruhe auf sie überfordernde Situationen.
- Sie ist gekränkt, wenn sie von anderen Personen zurechtgewiesen und abgelehnt wird.
- Sie sucht die Nähe und Anbindung an eine andere Person.
- Sie sucht nach Halt, Sicherheit und Geborgenheit in der Begleitung durch andere Personen.

Wolfgang Diekämper

Diplom-Psychologe, seit vielen Jahren Mitarbeiter in der Beratung und Fortbildung im Ev. Johanneswerk e. V. Bielefeld

Wolfgang Diekämpers Arbeitsschwerpunkt liegt im Bereich der Begleitung und Pflege von Menschen mit einer Demenz. Sein Interesse gilt der besonderen Lebenssituation von Personen, deren Gedächtnis nach und nach verloren geht. In einer Verknüpfung von Neuropsychologie und Sozialpsychologie verfolgt er dabei das Ziel, das persönliche Erleben der Menschen verständlich zu machen und damit Grundlagen für eine empathische Pflege zu vermitteln.

Pflegiothek

Fachwörter in der Pflege
978-3-06-455161-9

Qualität in der Pflege
978-3-06-455173-2

Englisch in der Pflege
978-3-06-455176-3

Case Management
978-3-06-450329-8

Patientenverfügung
978-3-06-450334-2